象棋精妙杀着系列

U0062859

象棋简易杀着

吴雁滨　编著

时代出版传媒股份有限公司
安徽科学技术出版社

图书在版编目(CIP)数据

象棋简易杀着 / 吴雁滨编著.--合肥:安徽科学技术
出版社,2019.1
　(象棋精妙杀着系列)
　ISBN 978-7-5337-7471-4

　Ⅰ.①象… Ⅱ.①吴… Ⅲ.①中国象棋-对局(棋类
运动) Ⅳ.①G891.2

中国版本图书馆 CIP 数据核字(2018)第 002779 号

象棋简易杀着　　　　　　　　　　　　　　　　　　　吴雁滨　编著

出 版 人:丁凌云　　　选题策划:倪颖生　　　责任编辑:倪颖生　王爱菊
责任印制:廖小青　　　封面设计:吕宜昌
出版发行:时代出版传媒股份有限公司　　http://www.press-mart.com
　　　　　安徽科学技术出版社　　　　　　http://www.ahstp.net
　　　　(合肥市政务文化新区翡翠路 1118 号出版传媒广场,邮编:230071)
　　　　　电话:(0551)63533330
印　　制:三河市人民印务有限公司　　　　电话:(0316)3650588
(如发现印装质量问题,影响阅读,请与印刷厂商联系调换)

开本:710×1010　1/16　　　印张:15　　　字数:270 千
版次:2019 年 1 月第 1 版　　2019 年 1 月第 1 次印刷

ISBN 978-7-5337-7471-4　　　　　　　　　定价:30.00 元

前　言

象棋是一门古老而又充满智慧的艺术。列宁曾将象棋形象地比作"智慧的体操",虽然他指的是国际象棋,但其实这两个棋种有异曲同工之妙。学习象棋,不仅可以陶冶情操,而且可以从妙趣横生的棋局中体验到生活的乐趣。初学象棋从哪里入手比较好呢?——残局,因为残局子少易悟,残局中的"杀着"是象棋的基本功之一,要想把象棋学好,就必须要练好基本功。

本书从众多实战对局中精选并改编出460局2~3个回合成杀的"简易杀着"。这些棋局简单易懂,着法引人入胜,充满了艺术感染力,特别适合初学象棋者、象棋培训班的学员、少儿习棋者练习使用。

编　者

目 录

第 1 局

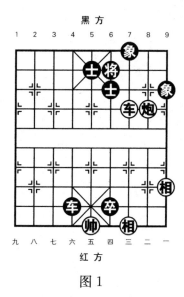

图1

着法(红先胜)：

1. 车三进二　　将 6 退 1
2. 车三平四！　将 6 平 5
3. 炮二进三

连将杀,红胜。

第 2 局

着法(红先胜)：

1. 炮四平五　　士 4 进 5
2. 兵四平五　　将 5 平 6
3. 兵五进一

连将杀,红胜。

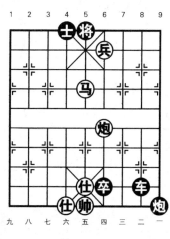

图2

第3局

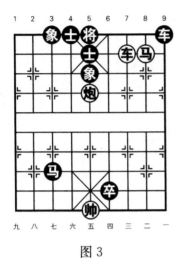

图3

着法(红先胜)：

1. 车三进一！　车9平7
2. 马二退四　　将5平6
3. 炮五平四

连将杀，红胜。

 第4局

着法(红先胜)：

1. 车六进九！　将5平4
2. 前炮进五　　车1平2
3. 炮八进九

连将杀，红胜。

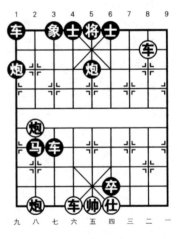

图4

第5局

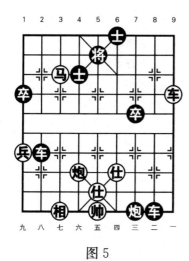

图5

着法(红先胜)：

1. 车一平五　　将5平6
2. 马七进六　　　将6进1
3. 车五平四

连将杀,红胜。

第6局

着法(红先胜)：

1. 马二进三　　士4进5
2. 车八平六!　　将4进1
3. 马三退四

连将杀,红胜。

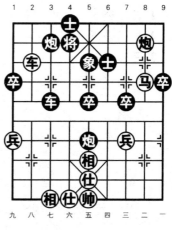

图6

第7局

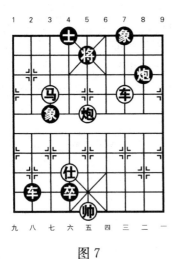

图7

着法(红先胜)：

1. 车三进二　　将5退1
2. 马七进五　　士4进5
3. 车三进一

连将杀，红胜。

第8局

着法(红先胜)：

1. 马五进三　　将5平6
2. 炮五平四　　车5平6
3. 马四进五

连将杀，红胜。

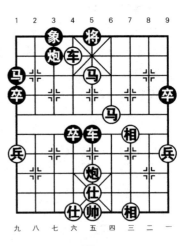

图8

第9局

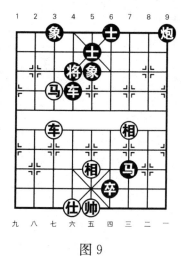

图9

着法（红先胜）：

1. 马七进八　　将4退1
2. 车七进四　　将4退1
3. 车七平五

连将杀，红胜。

第10局

着法（红先胜）：

1. 车八平六　　将4平5
2. 炮七平五　　将5平6
3. 车六平四

连将杀，红胜。

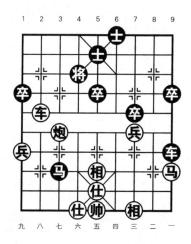

图10

第11局

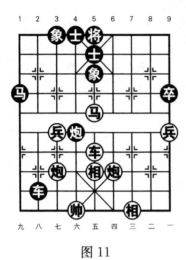

图 11

着法(红先胜)：

1. 炮七进七！ 象 5 退 3

2. 马五进四

连将杀，红胜。

第12局

着法(红先胜)：

1. 车二进一！ 车 8 进 2

2. 车八退一　 车 4 退 1

3. 炮六平五

连将杀，红胜。

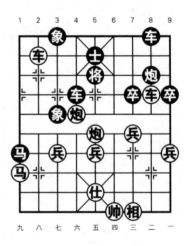

图 12

第 13 局

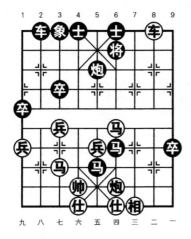

图 13

着法(红先胜)：

1. 车二退一　　将 6 进 1
2. 马四进三　　马 6 进 8
3. 车二平四

连将杀,红胜。

第 14 局

着法(红先胜)：

1. 车三平四　　将 6 平 5
2. 车四平五　　将 5 平 4
3. 车五平六

连将杀,红胜。

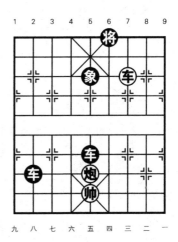

图 14

第 15 局

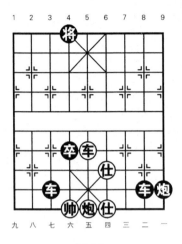

图 15

着法(红先胜)：

1. 车五平六　　　将4平5
2. 仕四进五　　　将5平6
3. 车六平四

连将杀,红胜。

第 16 局

着法(红先胜)：

1. 马二退四　　　将5进1
2. 车三进三　　　将5进1
3. 马四退五

连将杀,红胜。

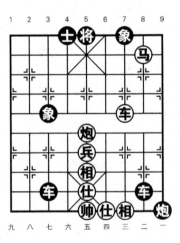

图 16

第 17 局

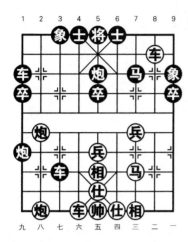

图 17

着法(红先胜)：

1. 车六进九！　将5平4

2. 前炮进五

连将杀,红胜。

 第 18 局

着法(红先胜)：

1. 车三进二　　将6退1

2. 车三进一　　将6进1

3. 炮二平四

连将杀,红胜。

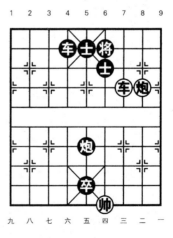

图 18

第19局

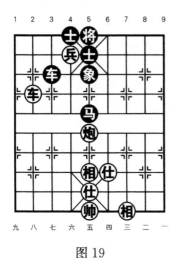

图19

着法(红先胜)：

1. 兵六平五！　　士4进5

2. 车八进三　　士5退4

黑如改走车3退2,则炮五进三,士5退4,车八平七,红得车胜定。

3. 车八退四

捉死马,黑认负。

第20局

着法(红先胜)：

1. 车六进一！　　将5平4

2. 车四进一

连将杀,红胜。

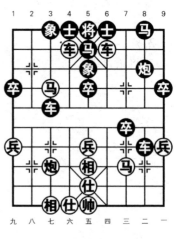

图20

第 21 局

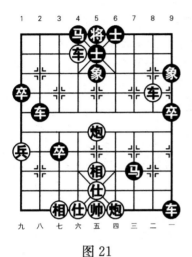

图 21

着法(红先胜)：

1. 车六平五！　　士6进5
2. 车二进三　　　象9退7
3. 车二平三

连将杀,红胜。

第 22 局

着法(红先胜)：

1. 兵四进一　　　将6平5
2. 兵四平五

连将杀,红胜。

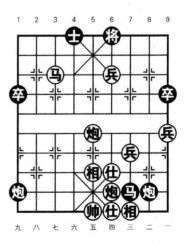

图 22

第 23 局

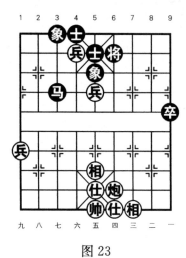

图 23

着法(红先胜)：

1. 兵五平四　　士 5 进 6
2. 兵四进一！　将 6 进 1
3. 仕五进四

连将杀，红胜。

第 24 局

着法(红先胜)：

1. 车八进二　　士 5 退 4
2. 车三平五　　士 4 退 5
3. 马六进七

连将杀，红胜。

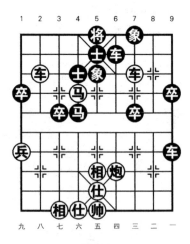

图 24

第 25 局

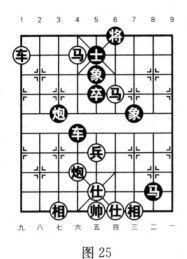

图 25

着法(红先胜)：

1. 车九进一　　将 6 进 1

2. 马四进二　　将 6 进 1

3. 车九平四！

连将杀，红胜。

 第 26 局

着法(红先胜)：

1. 炮一进一　　士 5 退 6

2. 前车进一　　将 5 进 1

3. 前车退一

连将杀，红胜。

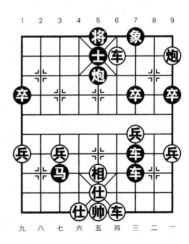

图 26

第27局

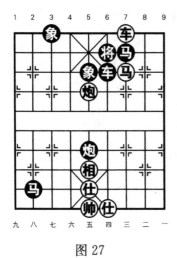

图27

着法(红先胜)：

1. 车三退一　　将6退1
2. 车三进一　　将6进1
3. 车三平四

连将杀，红胜。

第28局

着法(红先胜)：

1. 马五进四　　将5平6

黑如改走将5进1，则车二进五，连将杀，红胜。

2. 炮七平四

连将杀，红胜。

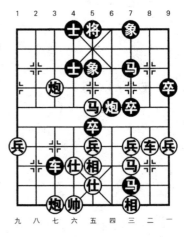

图28

第29局

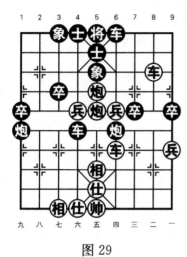

图29

着法(红先胜):
1. 车二平五！　　车6进4
2. 车五平四！　　象3进5
3. 后炮进二
绝杀,红胜。

第30局

着法(红先胜):
1. 炮七进二！　　士4进5
2. 炮三进一
连将杀,红胜。

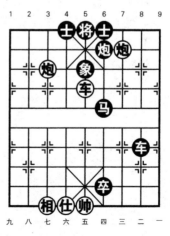

图30

第31局

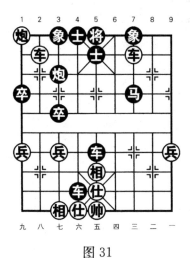

图31

着法(红先胜)：

1. 车八平五！　　车5退5

2. 车三进一

连将杀,红胜。

第32局

着法(红先胜)：

1. 车四进二　　士4进5

2. 炮五平六　　炮4退2

3. 炮六进三

连将杀,红胜。

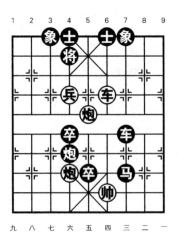

图32

第 33 局

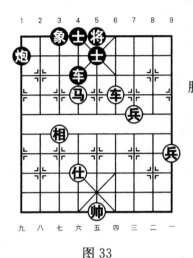

图 33

着法(红先胜)：

1. 马六进四　　将 5 平 6

黑如改走车 4 平 6,则车四进一,红得车胜定。

2. 马四进二　　将 6 平 5

3. 车四进三

连将杀,红胜。

第 34 局

着法(红先胜)：

1. 炮八退一!　　车 7 平 4

黑如改走卒 3 平 2,则车八平六,形成"露将三把手"的杀势,黑无解。

2. 炮八平六　　车 2 进 8

3. 炮六平三

双叫杀,红胜。

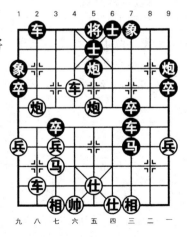

图 34

第35局

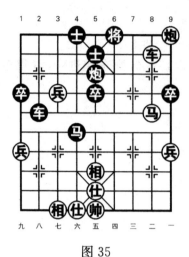

图35

着法(红先胜)：

1. 马二进三　　将6平5
2. 车二进一　　士5退6
3. 车二平四

连将杀,红胜。

第36局

着法(红先胜)：

1. 马五进三　　炮5平6

黑如改走车6进1,则车二进八杀,红胜。

2. 车六平五

连将杀,红胜。

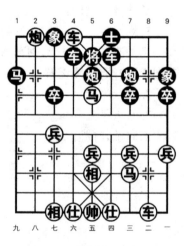

图36

第 37 局

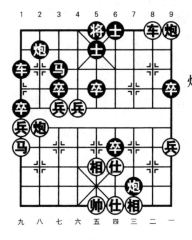

图 37

着法(红先胜)：

1. 炮八平三　　将 5 平 4

黑如改走士 5 退 4,则车二退一,士 6 进 5,
炮三进五杀,红胜。

2. 车二退一　　将 4 进 1

3. 炮三平六

绝杀,红胜。

第 38 局

着法(红先胜)：

1. 马六进四　　将 5 平 4

2. 炮五平六　　炮 6 平 4

3. 炮九平六

连将杀,红胜。

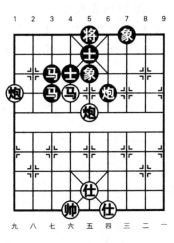

图 38

第 39 局

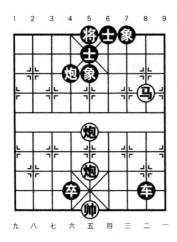

图 39

着法(红先胜):

1. 马二进三　　将5平4
2. 前炮平六　　炮4平2
3. 炮五平六

连将杀,红胜。

第 40 局

着法(红先胜):

1. 车四进三!　　士5退6
2. 兵六平七　　车2平4
3. 车六进四

连将杀,红胜。

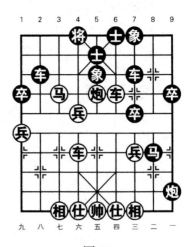

图 40

第 41 局

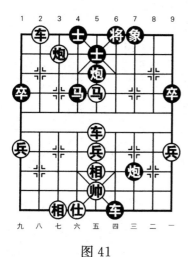

图 41

着法(红先胜)：

1. 马五进三　　将6平5
2. 炮七进一
连将杀,红胜。

第 42 局

着法(红先胜)：

1. 车六进三!　士5进4
2. 马三进四
连将杀,红胜。

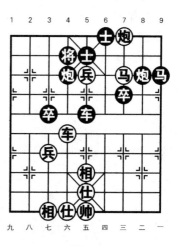

图 42

第43局

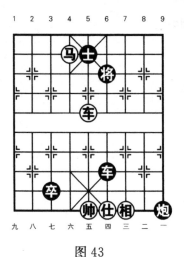

图43

着法(红先胜):

1. 车五进二　　将6退1
2. 车五进一　　将6进1
3. 车五平三

连将杀,红胜。

着法(黑先胜):

1. ……　　　　车6进2
2. 帅五进一　　车6平5

连将杀,黑胜。

第44局

着法(红先胜):

1. 车四平五!　　马7退5
2. 车六进一

连将杀,红胜。

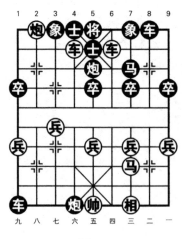

图44

第 45 局

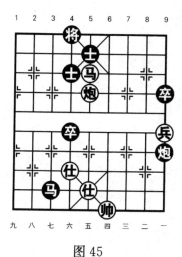

图 45

着法(红先胜)：
1. 炮五平六　　　将 4 平 5
2. 马五进三
连将杀,红胜。

第 46 局

着法(红先胜)：
1. 马二进三　　　将 5 平 4
2. 炮五平六
连将杀,红胜。

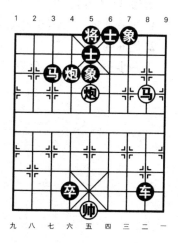

图 46

第47局

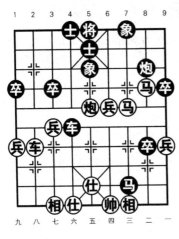

图47

着法(红先胜)：

1. 马二进四　　将5平6
2. 马四进二　　将6平5
3. 马三进四

连将杀,红胜。

 第48局

着法(红先胜)：

1. 马一进三　　车6进1
2. 炮五进四!

下一步车二进一杀,红胜。

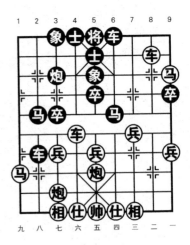

图48

第49局

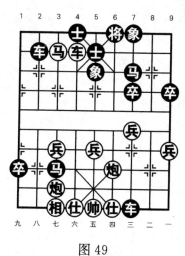

图49

着法(红先胜)：

1. 车六进一！　士5退4

2. 炮七平四

连将杀,红胜。

第50局

着法(红先胜)：

1. 车八平四！　车6退6

2. 马六进四　炮2进7

3. 马四进三

绝杀,红胜。

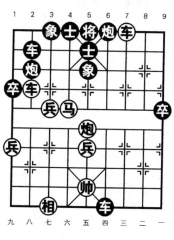

图50

第51局

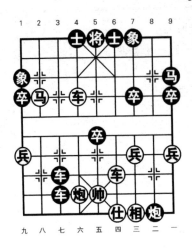

图51

着法(红先胜)：

1. 车六平五　　象7进5
2. 车五进一　　士4进5
3. 马八进六

连将杀,红胜。

第52局

着法(红先胜)：

1. 车四平五!　马7退5
2. 车三进三

连将杀,红胜。

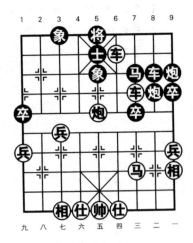

图52

第 53 局

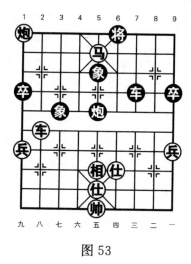

图 53

着法(红先胜)：

1. 车八平四　　将 6 平 5

2. 马五进七

连将杀,红胜。

第 54 局

着法(红先胜)：

1. 车七平六　　士 5 进 4

2. 车六进一　　炮 7 平 4

3. 车四进七

连将杀,红胜。

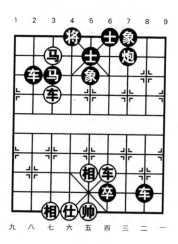

图 54

第 55 局

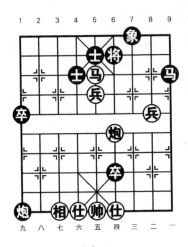

图 55

着法(红先胜):
1. 兵五平四　　士5进6
2. 马五进六　　将6退1
3. 兵四进一
连将杀,红胜。

 第 56 局

着法(红先胜):
第一种攻法:
1. 车六进五!　　士5退4
2. 马五进六　　将5进1
3. 车三进六
连将杀,红胜。
第二种攻法:
1. 马五进四!　　士5进6
2. 车六进五　　将5进1
3. 车三进六
连将杀,红胜。

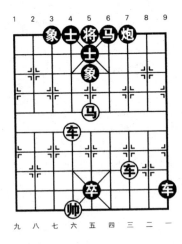

图 56

第 57 局

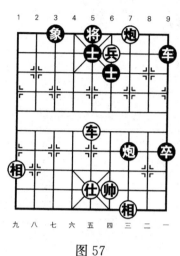

图 57

着法(红先胜):

1. 车五进四! 　士6退5

2. 兵四进一

连将杀,红胜。

 第 58 局

着法(红先胜):

1. 车六进四 　将6进1

2. 炮五平四

连将杀,红胜。

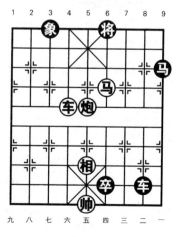

图 58

第59局

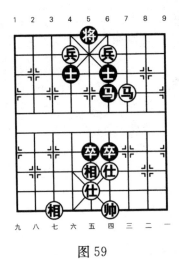

图59

着法(红先胜)：

1. 马三进二　　士6退5
2. 兵四进一!　　士5退6
3. 马二退四

绝杀,红胜。

第60局

着法(红先胜)：

1. 车三进四　　士5退6
2. 车三平四

连将杀,红胜。

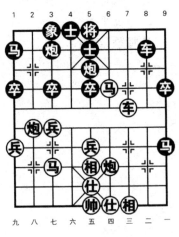

图60

第61局

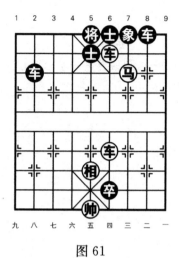

图61

着法(红先胜)：

1. 前车进一!　　士5退6

2. 车四进六

连将杀,红胜。

第62局

着法(红先胜)：

1. 炮八进七　　　车3退3

2. 车六进五

连将杀,红胜。

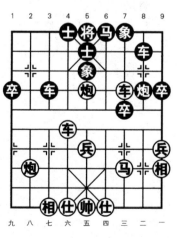

图62

第 63 局

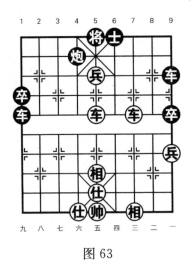

图 63

着法(红先胜)：

1.兵五进一！　士 6 进 5

黑如改走将 5 平 4,则兵五进一杀,红胜。

2.车三进四

连将杀,红胜。

 第 64 局

着法(红先胜)：

1.马四进三！　炮 3 平 7

2.炮三进三

连将杀,红胜。

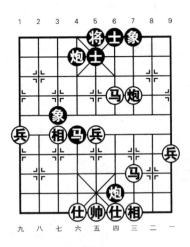

图 64

第 65 局

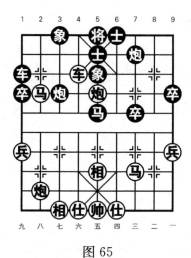

图 65

着法(红先胜)：

1. 马八进七！　　炮 7 平 3

2. 炮八进八

连将杀,红胜。

 第 66 局

着法(红先胜)：

1. 兵六进一！　　士 5 退 4

2. 马二退四

连将杀,红胜。

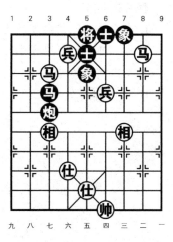

图 66

第 67 局

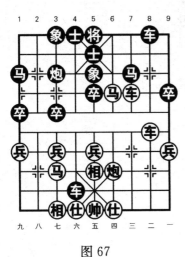

图 67

着法(红先胜)：

1. 马四进三　　将5平6
2. 车三平四　　士5进6
3. 车四进一
连将杀,红胜。

第 68 局

着法(红先胜)：

1. 炮四平六!　　卒3平4
2. 马五进六　　炮3平4
3. 马六进七
连将杀,红胜。

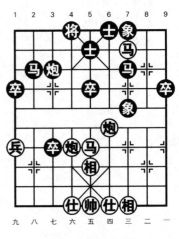

图 68

第 69 局

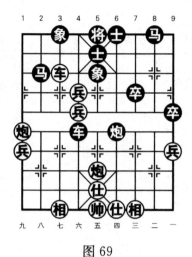

图 69

着法(红先胜):

1. 炮九进五！   象 3 进 1
2. 车七进二

连将杀,红胜。

第 70 局

着法(红先胜):

1. 前马退七   将 4 进 1
2. 马五进四   将 4 进 1
3. 炮八退一

连将杀,红胜。

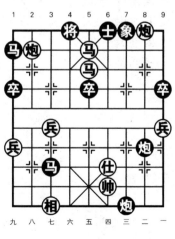

图 70

第71局

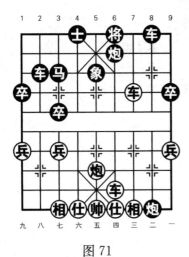

图 71

着法(红先胜)：
1. 车四进七！   将6进1
2. 车三平四
连将杀,红胜。

第72局

着法(红先胜)：
1. 炮六进一！   将5平4
2. 马六进七
连将杀,红胜。

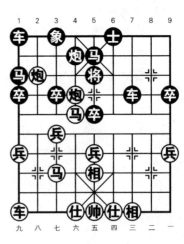

图 72

第73局

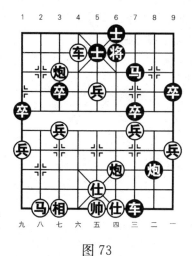

图73

着法(红先胜)：

1. 兵五平四　　马7进6
2. 兵四进一

连将杀,红胜。

第74局

着法(红先胜)：

1. 前车进一!　　士5退6

黑如改走将4进1,则炮五平六杀,红胜。

2. 车四平六　　炮3平4
3. 车六进二

连将杀,红胜。

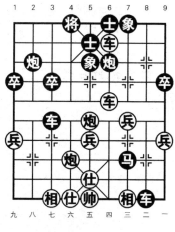

图74

第75局

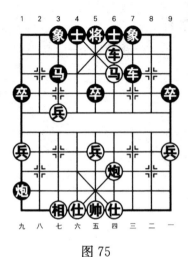

图 75

着法(红先胜)：
1. 车四进一　　将5进1
2. 车四平五
连将杀，红胜。

第76局

着法(红先胜)：
1. 前兵平六！　　车4退7
2. 炮四进一　　炮5进2
3. 马四进五
连将杀，红胜。

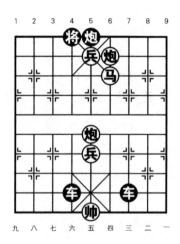

图 76

第 77 局

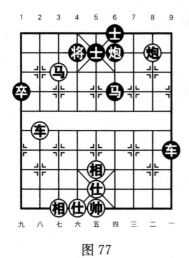

图 77

着法(红先胜)：

1. 马七进八　　将4退1

黑如改走将4进1,则车八进三杀,红胜。

2. 炮二进一

连将杀,红胜。

 第 78 局

着法(红先胜)：

1. 马二进三　　炮8进1

2. 马三进四

连将杀,红胜。

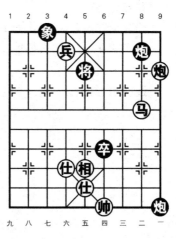

图 78

第79局

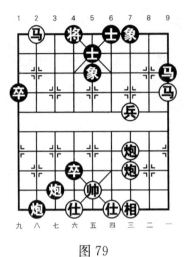

图79

着法(红先胜)：

1. 前炮进六！   象5退7

2. 炮三进七

连将杀,红胜。

第80局

着法(红先胜)：

1. 兵六平五！   将5进1

2. 车四平五   象7进5

3. 车五进一

连将杀,红胜。

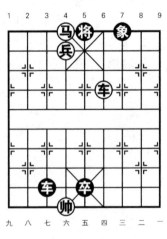

图80

第 81 局

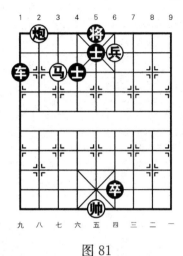

图 81

着法(红先胜)：

1. 兵四进一！　　将5平6

2. 马七进六

连将杀,红胜。

第 82 局

着法(红先胜)：

第一种攻法：

1. 马七进六！　　象5退3

2. 车三进三

连将杀,红胜。

第二种攻法：

1. 车三进三！　　将6进1

2. 马七进六！　　士5退4

3. 车三退一

连将杀,红胜。

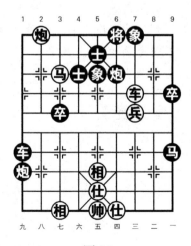

图 82

第 83 局

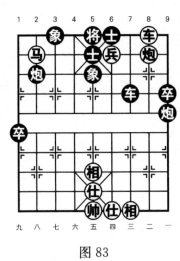

图 83

着法(红先胜)：

1. 马八退六！　将 5 平 4

2. 兵四平五

双叫杀,红胜。

 第 84 局

着法(红先胜)：

1. 炮八退一　　将 5 退 1

黑如改走将 5 平 6,则车六平四,将 6 平 5,马八进七杀,红胜。

2. 马八进七！　马 5 退 3

3. 车六进三

绝杀,红胜。

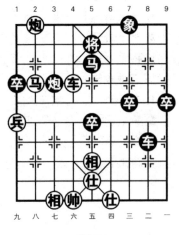

图 84

第85局

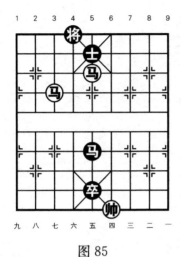

图85

着法(红先胜)：

1. 马七进八　　将4进1
2. 马五退七

连将杀,红胜。

第86局

着法(红先胜)：

1. 马五进六　　将6平5
2. 车六平五　　象7进5
3. 车五进一

连将杀,红胜。

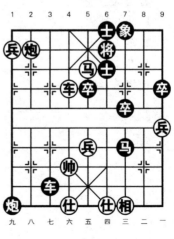

图86

第87局

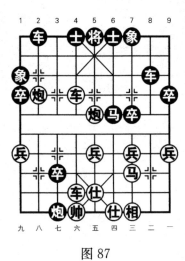

图87

着法(红先胜)：

1. 前车进三！　　将5进1
2. 前车退一　　　将5退1
3. 炮八平五

连将杀，红胜。

第88局

着法(红先胜)：

1. 马八进六　　　将5进1
2. 车二进七　　　车6退3
3. 车二平四

连将杀，红胜。

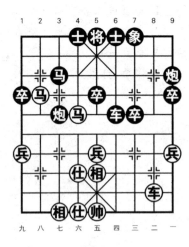

图88

第89局

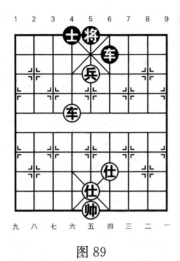

图89

着法(红先胜):

1. 帅五平六　　士4进5

2. 兵五进一!　　将5进1

3. 车六平五

绝杀,红胜。

第90局

着法(红先胜):

1. 前车平六　　将4平5

2. 炮二退一　　士6退5

3. 炮四退二

连将杀,红胜。

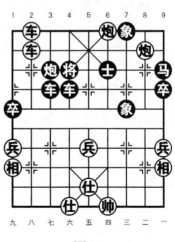

图90

第91局

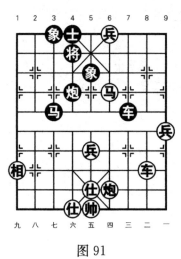

图91

着法(红先胜)：

1. 车二进六　　士4进5
2. 车二平五　　将4退1
3. 兵四平五

连将杀,红胜。

 第92局

着法(红先胜)：

1. 车九平五　　士4进5
2. 车五进二　　将5平4
3. 车四进一

连将杀,红胜。

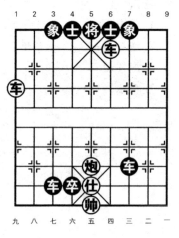

图92

第 93 局

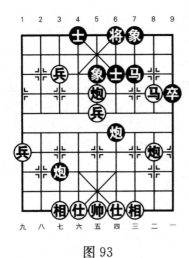

图 93

着法(红先胜)：

1. 炮五平四　　　将 6 平 5

2. 马二进三　　　将 5 进 1

3. 炮二进五

连将杀,红胜。

第 94 局

着法(红先胜)：

1. 兵六进一!　　象 5 退 3

2. 兵六平五　　　将 6 进 1

3. 兵二平三

连将杀,红胜。

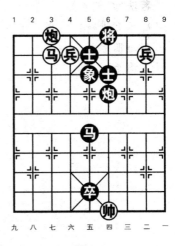

图 94

第95局

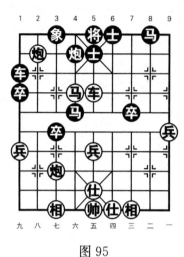

图95

着法(红先胜)：

1. 炮八进一　　炮4退1

2. 马六进七

连将杀，红胜。

第96局

着法(红先胜)：

1. 车五进一！　将4平5

2. 马四退五

连将杀，红胜。

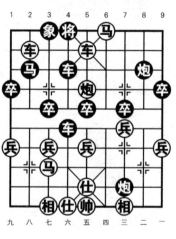

图96

第97局

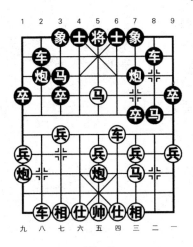

图 97

着法(红先胜)：

1. 马五进三　　士 4 进 5

2. 车四进五

连将杀,红胜。

第98局

着法(红先胜)：

1. 马九进八　　象 5 退 3

2. 马八退七　　将 4 进 1

3. 马七退五

连将杀,红胜。

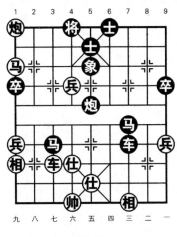

图 98

第99局

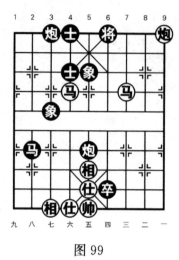

图99

着法(红先胜)：
1. 马三进二　　将6平5
2. 马六进四　　将5进1
3. 炮一退一
连将杀,红胜。

第100局

着法(红先胜)：
1. 马五进六!　士5进4
2. 马一进三
连将杀,红胜。

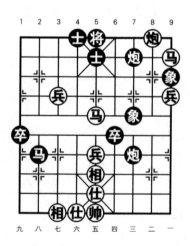

图100

第 101 局

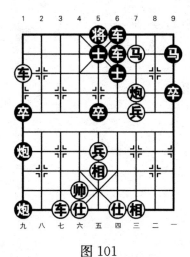

图 101

着法(红先胜):
1. 车七进九　　士5退4
2. 车九平五　　士6退5
3. 车七平六
连将杀,红胜。

 第 102 局

着法(红先胜):
1. 炮六平五　　象5进7
2. 兵四平五
连将杀,红胜。

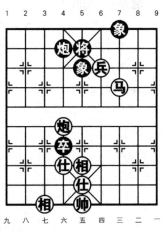

图 102

第 103 局

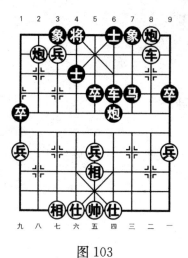

图 103

着法（红先胜）：

1. 炮八进一　　象 3 进 1
2. 兵七进一

连将杀，红胜。

第 104 局

着法（红先胜）：

1. 马二进四　　将 5 平 4
2. 车五平六　　士 5 进 4
3. 车六进一

连将杀，红胜。

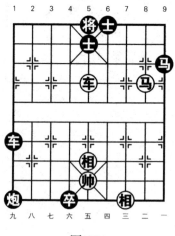

图 104

第105局

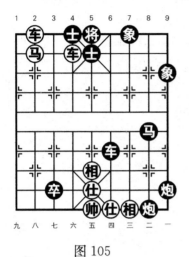

图105

着法(红先胜):

1. 马八退六！ 　将5平6
2. 车六进一！ 　士5退4
3. 车八平六

绝杀,红胜。

第106局

着法(红先胜):

1. 马二进四 　　将4退1
2. 马三进四

连将杀,红胜。

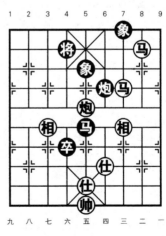

图106

第 107 局

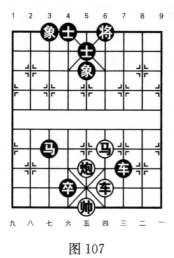

图 107

着法(红先胜)：

1. 马四进五　　士 5 进 6
2. 车四进六　　将 6 平 5
3. 马五进六

连将杀，红胜。

第 108 局

着法(红先胜)：

1. 车四进一！　马 7 退 6
2. 马六进四

连将杀，红胜。

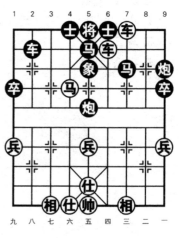

图 108

第 109 局

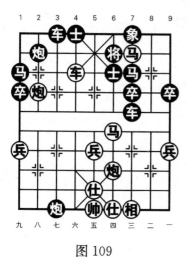

图 109

着法(红先胜)：

1. 马四进五　　将6平5
2. 车六进一
连将杀,红胜。

第 110 局

着法(红先胜)：

1. 车六进一!　　马3退4
2. 马八进六
连将杀,红胜。

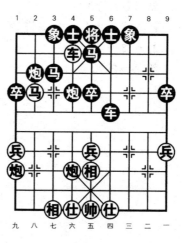

图 110

第 111 局

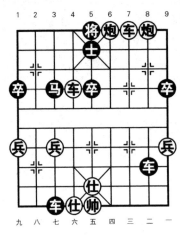

图 111

着法(红先胜)：
1. 炮四退五　　士5退6
2. 炮四平五
连将杀,红胜。

第 112 局

着法(红先胜)：
1. 炮六进六!　　车6进2
2. 车二平五
绝杀,红胜。

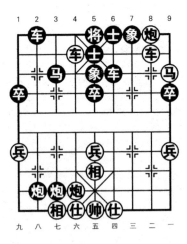

图 112

第113局

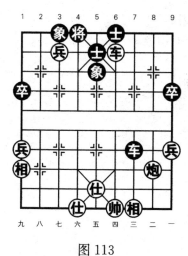

图113

着法(红先胜)：

1. 炮二进七　　车7退6

2. 车四平五　　车7平8

3. 兵七平六

绝杀，红胜。

第114局

着法(红先胜)：

1. 车六进七　　将6进1

2. 马五进三

连将杀，红胜。

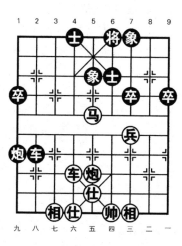

图114

第115局

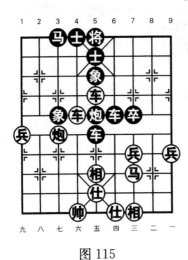

图115

着法(红先胜)：

1. 炮七进五！　　象5退3

2. 车六进四

连将杀，红胜。

第116局

着法(红先胜)：

1. 炮三进七！　　象5退7

2. 车八进九

连将杀，红胜。

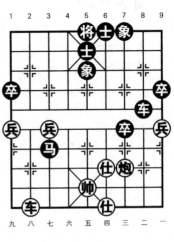

图116

第 117 局

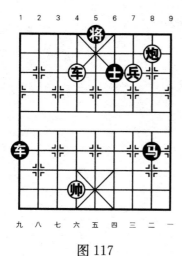

图 117

着法（红先胜）：
1. 车六进二　　将5进1
2. 兵三进一　　将5进1
3. 车六退二
连将杀,红胜。

第 118 局

着法（红先胜）：
1. 马八进七　　将4进1
2. 车八退三!　　车3退1
3. 车八平六
绝杀,红胜。

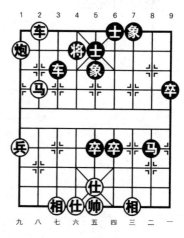

图 118

第 119 局

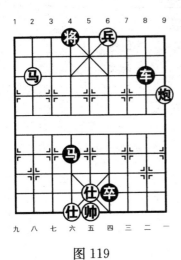

图 119

着法(红先胜)：
1. 炮一进三　　车8退2
2. 兵四平五
连将杀,红胜。

第 120 局

着法(红先胜)：
1. 车六进一!　　将4进1
2. 仕五进六
连将杀,红胜。

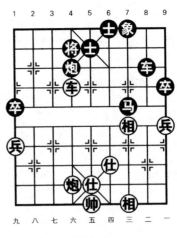

图 120

第 121 局

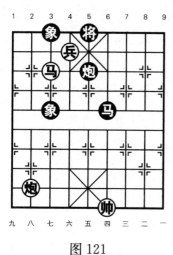

图 121

着法(红先胜)：

1. 炮八进八　　象 3 进 1
2. 兵六进一

连将杀，红胜。

第 122 局

着法(红先胜)：

1. 车六进一！　士 5 退 4
2. 马四进六

连将杀，红胜。

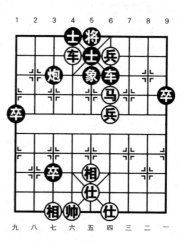

图 122

第 123 局

着法(红先胜)：

1. 马四进二　　　卒 5 平 6

2. 马二退三

连将杀,红胜。

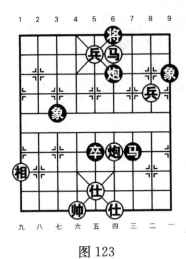

图 123

第 124 局

着法(红先胜)：

1. 兵六平五!　　士 6 进 5

2. 车三进二

连将杀,红胜。

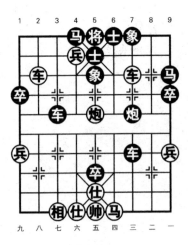

图 124

第125局

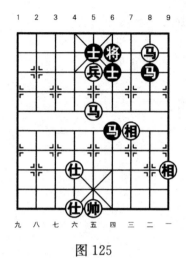

图125

着法(红先胜)：

1. 兵五平四！　士5进6

2. 马五进六

连将杀,红胜。

第126局

着法(红先胜)：

1. 车四平五！　马3退5

2. 车七进一

连将杀,红胜。

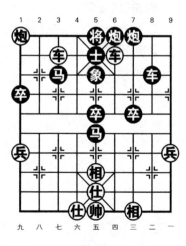

图126

第 127 局

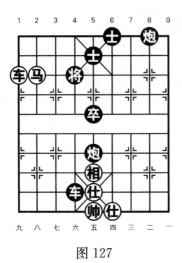

图 127

着法(红先胜)：

1. 马八退九　　将4退1
2. 马九进七　　将4退1
3. 车九进二

连将杀,红胜。

第 128 局

着法(红先胜)：

1. 车四进七　　将4进1
2. 车四平六

连将杀,红胜。

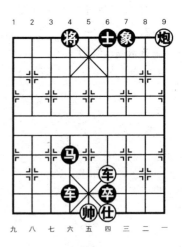

图 128

第 129 局

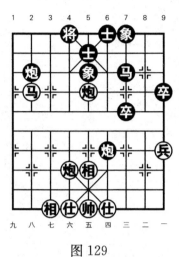

图 129

着法(红先胜)：

1. 马八进六　　炮 6 平 4
2. 炮五平六

连将杀，红胜。

第 130 局

着法(红先胜)：

1. 兵四进一！　　士 5 进 6
2. 马五进六

连将杀，红胜。

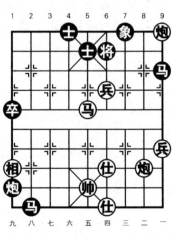

图 130

第 131 局

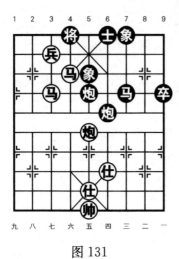

图 131

着法(红先胜)：
1. 兵七进一！ 象5退3
2. 马六进八

连将杀,红胜。

第 132 局

着法(红先胜)：
1. 炮七进一 马3退2
2. 炮七退二！ 马2进4
3. 车八进一

连将杀,红胜。

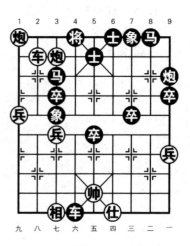

图 132

第 133 局

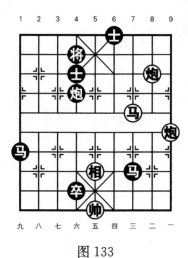

图 133

着法(红先胜)：

1. 马三进五　　将4退1
2. 炮一进五　　士6进5
3. 炮二进二

连将杀,红胜。

第 134 局

着法(红先胜)：

1. 兵六平五!　　将6退1
2. 兵五进一　　将6进1
3. 炮八进五

连将杀,红胜。

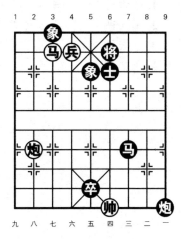

图 134

第 135 局

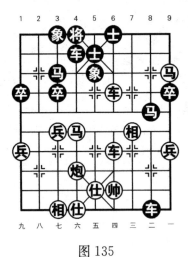

图 135

着法(红先胜)：

1. 前车进三！　　士5退6

2. 车四进六

连将杀，红胜。

第 136 局

着法(红先胜)：

1. 炮六退四　　马6退4

2. 车六进一　　士5进4

3. 车六进一

连将杀，红胜。

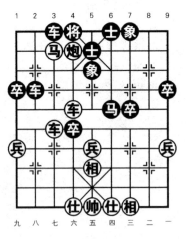

图 136

第 137 局

着法(红先胜)：

1. 马七退六　　炮 7 平 4
2. 马六进八

连将杀，红胜。

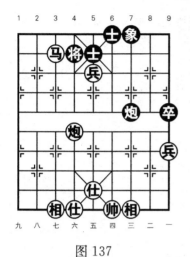

图 137

第 138 局

着法(红先胜)：

1. 兵七进一　　将 4 进 1
2. 车五退三　　车 8 进 6
3. 车五平六

绝杀，红胜。

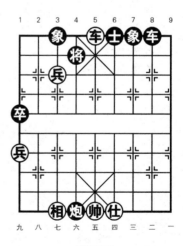

图 138

第 139 局

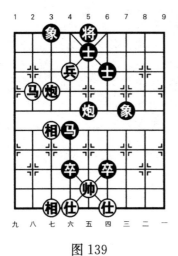

图 139

着法(红先胜)：

1. 马八进七　　将5平6

2. 炮七平四

连将杀,红胜。

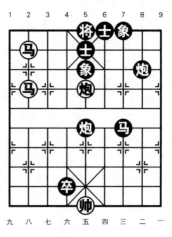

第 140 局

着法(红先胜)：

1. 后马进六　　炮8平4

2. 马八退六　　将5平4

3. 炮五平六

连将杀,红胜。

图 140

第141局

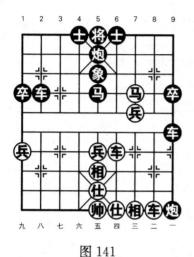

图141

着法(红先胜)：

1. 车四进六！　　将5平6

2. 车二进九　　　象5退7

3. 车二平三

连将杀,红胜。

第142局

着法(红先胜)：

1. 马八退六　　　将5进1

黑如改走将5平6,则车七平四杀,红胜。

2. 车七进二

连将杀,红胜。

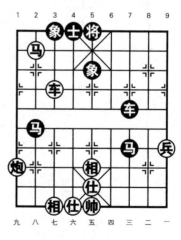

图142

第 143 局

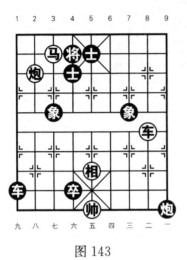

图 143

着法(红先胜)：

1. 炮八进一　　　将 4 退 1
2. 车二进五　　　士 5 退 6
3. 车二平四

连将杀,红胜。

第 144 局

着法(红先胜)：

1. 前炮进三！　　车 8 平 7
2. 炮三进六

连将杀,红胜。

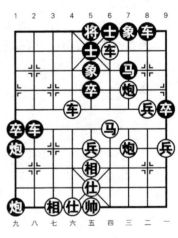

图 144

第 145 局

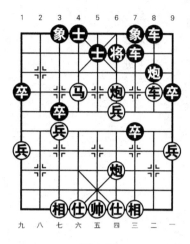

图 145

着法(红先胜)：
1. 马六进四！　　将 6 进 1
2. 前炮平一　　　卒 7 平 6
3. 车二平四
连将杀,红胜。

第 146 局

着法(红先胜)：
1. 车八进八　　　将 5 退 1
2. 炮二平七　　　将 5 平 6
3. 炮七进一
绝杀,红胜。

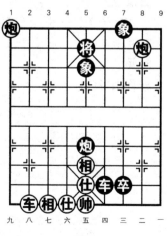

图 146

第 147 局

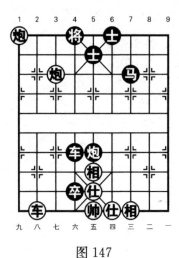

图 147

着法(红先胜)：

1. 车八进九　　将 4 进 1
2. 车八退一！　将 4 进 1
3. 炮九退二

连将杀,红胜。

第 148 局

着法(红先胜)：

1. 兵五进一！　将 5 平 4
2. 兵七平六　　车 5 平 4
3. 兵六进一

连将杀,红胜。

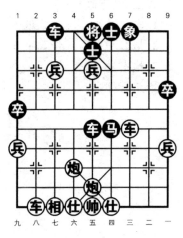

图 148

第 149 局

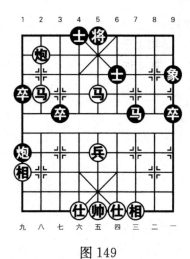

图 149

着法(红先胜)：

1. 马八进七　　将 5 平 6
2. 马五进三

连将杀,红胜。

第 150 局

着法(红先胜)：

1. 炮八进二！　　士 5 退 4
2. 马八进七　　将 5 进 1
3. 炮八退一

连将杀,红胜。

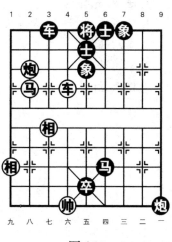

图 150

第151局

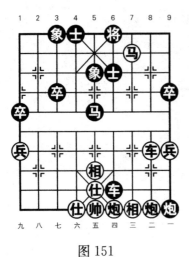

图 151

着法(红先胜)：

1. 车二进六　　象5退7
2. 车二平三　　将6进1
3. 炮二进八

连将杀,红胜。

第152局

着法(红先胜)：

1. 车四进二　　将4进1
2. 车八进二　　将4进1
3. 车四退二

连将杀,红胜。

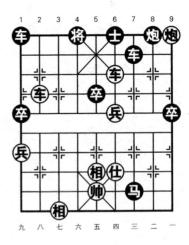

图 152

第 153 局

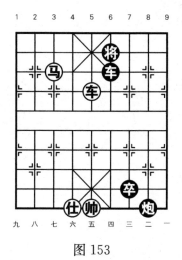

图 153

着法(红先胜)：
1. 马七进六　　将6退1
2. 车五进三　　将6进1
3. 车五平二
连将杀,红胜。

第 154 局

着法(红先胜)：
1. 车四进六　　将5进1
2. 炮一退一　　将5进1
3. 车四退二
连将杀,红胜。

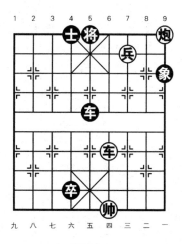

图 154

第 155 局

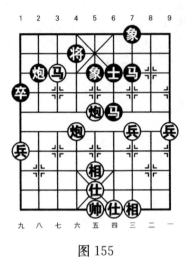

图 155

着法(红先胜)：
1. 马七退六　　炮 2 平 4
2. 马六进七！
连将杀,红胜。

第 156 局

着法(红先胜)：
1. 车八进一　　将 4 进 1
2. 马三进四　　将 4 平 5
3. 车八退一
连将杀,红胜。

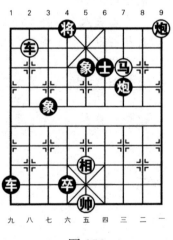

图 156

第 157 局

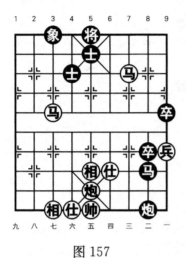

图 157

着法(红先胜)：

1. 马七进六　　　将5平4
2. 炮五平六

连将杀,红胜。

第 158 局

着法(红先胜)：

1. 马四进三　　　将5退1
2. 车六进五!　　　将5平4
3. 马三进四

连将杀,红胜。

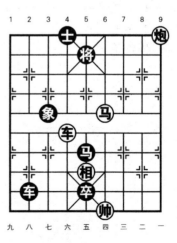

图 158

第 159 局

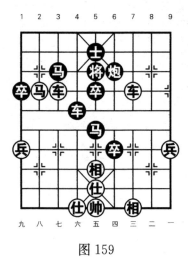

图 159

着法(红先胜)：

1. 车七平五！　　马 3 进 5
2. 车三平五

连将杀,红胜。

第 160 局

着法(红先胜)：

1. 炮九退一　　将 5 退 1
2. 车七平六

连将杀,红胜。

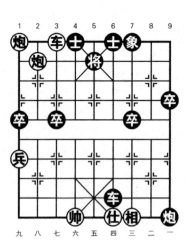

图 160

第 161 局

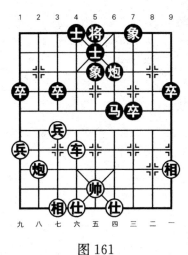

图 161

着法(红先胜)：

1. 炮八进七　　象 5 退 3
2. 车六进六

连将杀,红胜。

第 162 局

着法(红先胜)：

1. 车五进六　　将 6 进 1
2. 兵三进一!　　士 6 进 5
3. 兵三进一

绝杀,红胜。

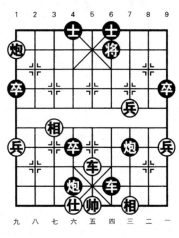

图 162

第 163 局

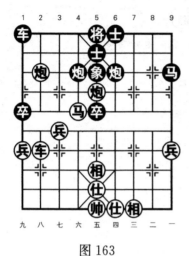

图 163

着法(红先胜)：

1. 炮八平五　　将5平4
2. 马六进七　　将4进1
3. 车八进五

连将杀，红胜。

第 164 局

着法(红先胜)：

1. 马六进八　　将4退1
2. 炮九进四

连将杀，红胜。

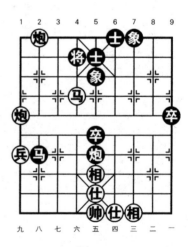

图 164

第 165 局

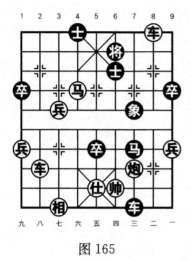

图 165

着法（红先胜）：

1. 车八进六　　士 4 进 5
2. 车八平五

连将杀，红胜。

第 166 局

着法（红先胜）：

1. 炮六平五　　象 5 进 7
2. 兵四平五

连将杀，红胜。

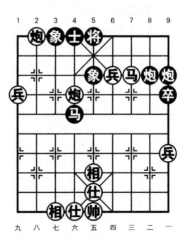

图 166

第 167 局

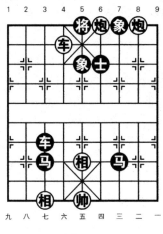

图 167

着法(红先胜)：

1. 炮四退一　　象 7 进 9

2. 炮四平一　　车 3 平 8

3. 炮一进一

绝杀,红胜。

第 168 局

着法(红先胜)：

1. 兵六平五　　将 5 平 4

2. 马二进四

连将杀,红胜。

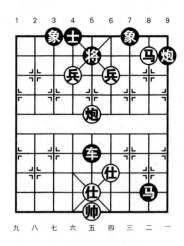

图 168

第 169 局

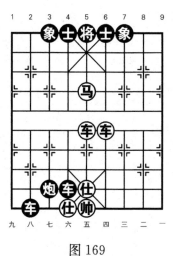

图 169

着法(红先胜):

1. 马五进三　　士4进5
2. 车四进五

连将杀,红胜。

第 170 局

着法(红先胜):

1. 马六进四!　　士5进6
2. 兵七平六!　　将4进1
3. 车七平六

连将杀,红胜。

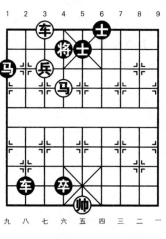

图 170

第171局

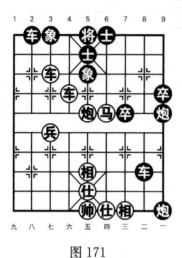

图171

着法(红先胜)：
1. 车七进二！　车2平3
2. 马四进五　　后炮平5
3. 马五进三
绝杀，红胜。

第172局

着法(红先胜)：
1. 马五进七　　将5平6
2. 车五平四
连将杀，红胜。

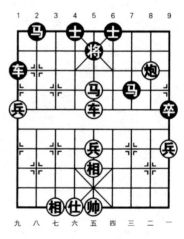

图172

第173局

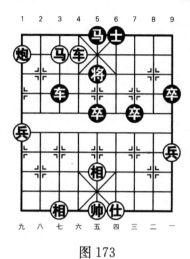

图173

着法(红先胜)：
1. 车六平五！　　将5平4
2. 车五退一
连将杀，红胜。

第174局

着法(红先胜)：
1. 后马进三　　将5平6
2. 马三退五　　将6进1
3. 马五退三
连将杀，红胜。

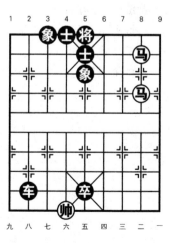

图174

第175局

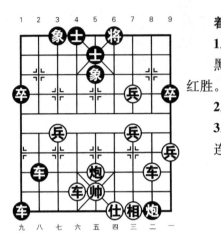

图175

着法(红先胜):

1. 车六进八! 　将6进1

黑如改走士5退4,则车二平四,连将杀,红胜。

2. 车二进六 　　将6进1

3. 兵三进一

连将杀,红胜。

 第176局

着法(红先胜):

1. 炮七退二! 　士4退5

2. 车二退一

连将杀,红胜。

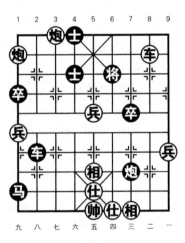

图176

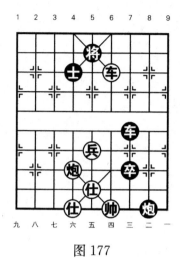

图 177

第 177 局

着法(红先胜)：

1. 车四平五！　　将 5 进 1
2. 炮六平五　　　车 7 平 5
3. 兵五进一

连将杀,红胜。

第 178 局

着法(红先胜)：

1. 车八进六　　　将 5 进 1
2. 马七进六　　　将 5 平 6
3. 车二平四

连将杀,红胜。

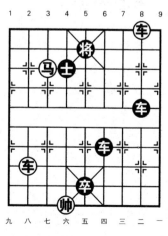

图 178

第 179 局

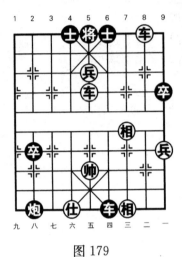

图 179

着法(红先胜)：
1. 兵五平四　　士4进5
2. 车五进二　　将5平4
3. 车二平四
连将杀,红胜。

第 180 局

着法(红先胜)：
1. 车七平六!　　士5退4
2. 炮七进三　　士4进5
3. 车六进一!
连将杀,红胜。

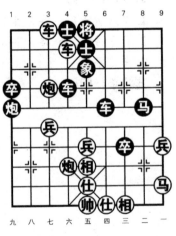

图 180

第 181 局

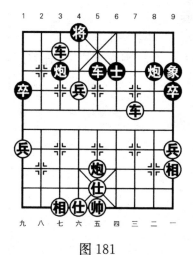

图 181

着法(红先胜)：

1. 炮五平六　　将4平5
2. 车七进一　　将5进1
3. 车三进三

连将杀,红胜。

第 182 局

着法(红先胜)：

1. 马三退四　　车4平6
2. 车二平六　　车6平4
3. 车六进一

连将杀,红胜。

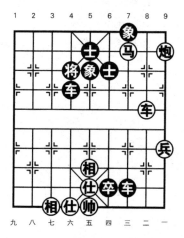

图 182

第 183 局

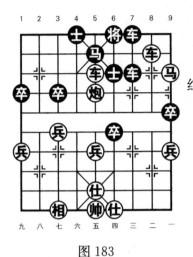

图 183

着法(红先胜)：

1. 车二平四！　　将 6 进 1

黑如改走将 6 平 5,则车五进一,连将杀,红胜。

2. 炮五平四

连将杀,红胜。

 第 184 局

着法(红先胜)：

1. 炮八进一　　象 3 进 1

2. 炮七进一

连将杀,红胜。

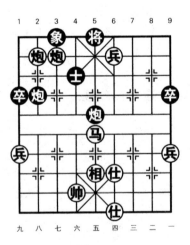

图 184

第185局

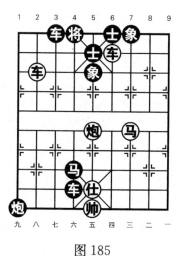

图185

着法(红先胜)：

1. 车四进一！　　将4进1

黑如改走士5退6,则车八平六杀,红速胜。

2. 车八进一　　　将4进1

3. 马三进四

连将杀,红胜。

第186局

着法(红先胜)：

1. 车七进五　　炮4退9

2. 车七平六

连将杀,红胜。

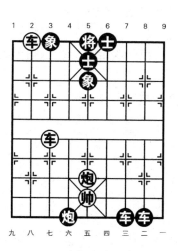

图186

第187局

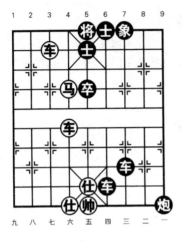

图187

着法（红先胜）：

1. 车七进一　　士5退4

2. 车七平六！　　将5平4

3. 马六进七

连将杀，红胜。

第188局

着法（红先胜）：

1. 马五进四　　将4退1

黑如改走将4平5,则车八平五杀,红胜。

2. 车八进三

连将杀,红胜。

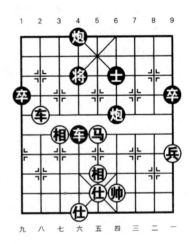

图188

第 189 局

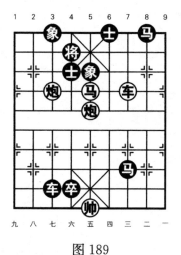

图 189

着法(红先胜)：

1. 炮七平六　　将 4 平 5

黑如改走士 4 退 5,则炮五平六,连将杀,红胜。

2. 马五进三　　将 5 平 6

3. 车三平四

连将杀,红胜。

第 190 局

着法(红先胜)：

1. 马七进六　　将 5 平 4

2. 炮八平六　　马 3 退 4

3. 炮二平六

连将杀,红胜。

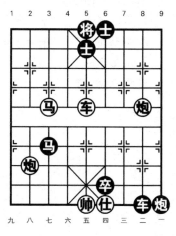

图 190

第 191 局

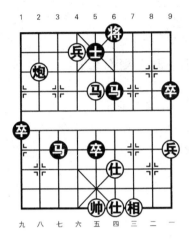

图 191

着法(红先胜)：

1. 炮八进二　　将6平5
2. 马五进七　　士5进4
3. 马七进六

绝杀，红胜。

第 192 局

着法(红先胜)：

1. 炮三进七　　将5进1
2. 炮三退一！　将5平6
3. 炮二退一

连将杀，红胜。

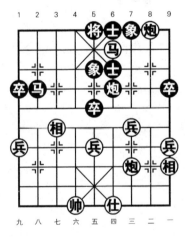

图 192

第 193 局

着法(红先胜)：

1. 车三进三　　将6进1
2. 炮一退一　　将6进1
3. 车三退二

连将杀，红胜。

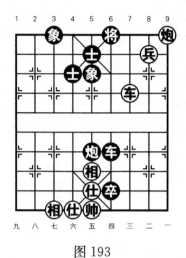

图 193

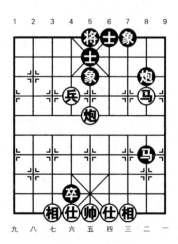 **第 194 局**

着法(红先胜)：

1. 马二进四　　将5平4
2. 炮五平六　　士5进4
3. 兵六进一

连将杀，红胜。

图 194

第195局

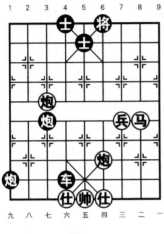

图195

着法(红先胜)：

1. 炮七进四　　将6进1
2. 马二进三　　将6进1
3. 马三退四

连将杀,红胜。

第196局

着法(红先胜)：

1. 兵四进一!　　马5退4
2. 兵四进一　　马4退6
3. 兵五进一

绝杀,红胜。

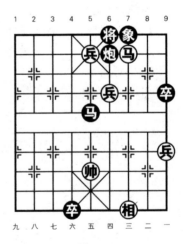

图196

第 197 局

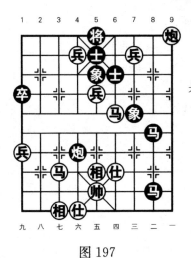

图 197

着法(红先胜)：

1. 马四进三　　将5平6

黑如改走炮4平7,则兵三进一,士5退6,
兵三平四杀,红胜。

2. 兵三平四!　　将6进1

3. 马三进二

绝杀,红胜。

第 198 局

着法(红先胜)：

1. 车五进四　　将6进1

2. 车五平三　　将6进1

3. 车三平四

连将杀,红胜。

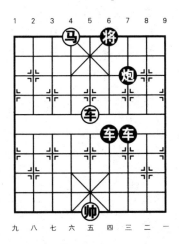

图 198

第 199 局

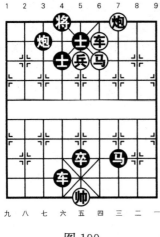

图 199

着法(红先胜)：
1. 车四进一　　将4进1
2. 兵五平六！　将4进1
3. 炮三退二
连将杀,红胜。

第 200 局

着法(红先胜)：
1. 车八进二　　将5退1
2. 马五进四　　将5平6
3. 马六退五
连将杀,红胜。

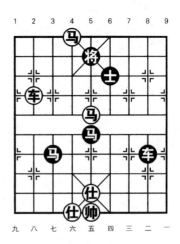

图 200

第 201 局

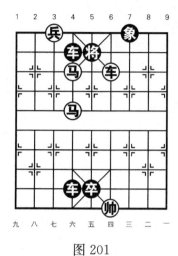

图 201

着法(红先胜)：

1. 车四进一　　将5退1

2. 兵七平六！　将5平4

3. 车四进一

连将杀，红胜。

第 202 局

着法(红先胜)：

1. 炮三进三！　象5退7

2. 马三进四

连将杀，红胜。

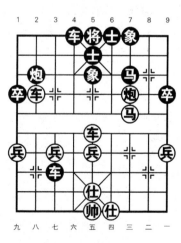

图 202

第 203 局

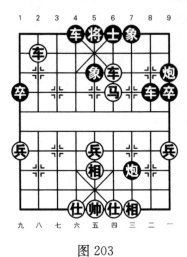

图 203

着法（红先胜）：

1. 车四平五！　　士6进5

2. 车八平五　　　将5平6

3. 后车平四

连将杀，红胜。

第 204 局

着法（红先胜）：

1. 车四平五　　　将5平6

2. 炮三进二　　　将6进1

3. 马七进六

连将杀，红胜。

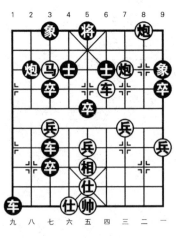

图 204

第 205 局

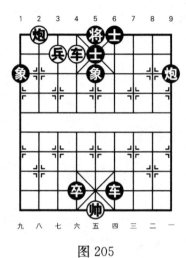

图 205

着法(红先胜)：

1. 兵七进一　　士5退4

2. 兵七平六

连将杀,红胜。

第 206 局

着法(红先胜)：

1. 车四进三　　将5进1

2. 马四进六　　将5平4

3. 炮四平六

连将杀,红胜。

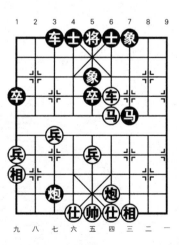

图 206

第 207 局

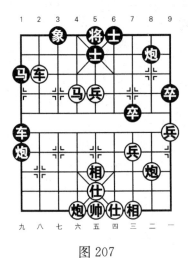

图 207

着法(红先胜)：

1.马六进七！　　将5平4

2.车八平六

连将杀,红胜。

第 208 局

着法(红先胜)：

1.炮三退一！　　车9进1

2.兵五进一

绝杀,红胜。

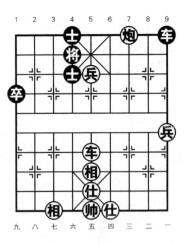

图 208

第 209 局

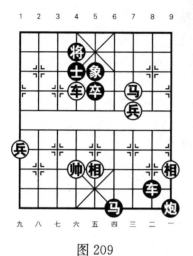

图 209

着法(红先胜)：
1. 车六进一　　　将4平5
2. 车六平五
连将杀，红胜。

第 210 局

着法(红先胜)：
1. 车四进六　　　将4进1
2. 马八进七　　　将4进1
3. 车四平六
连将杀，红胜。

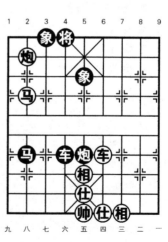

图 210

第 211 局

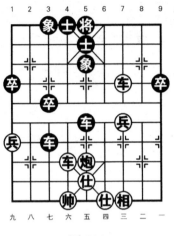

图 211

着法(红先胜)：

1. 车三进三！   士 5 退 6

黑如改走象 5 退 7 吃车，则车六进七杀，红胜。

2. 车六进七   将 5 进 1

3. 车三退一

连将杀,红胜。

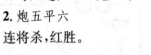

第 212 局

着法(红先胜)：

1. 马八进六   炮 5 平 4

2. 炮五平六

连将杀,红胜。

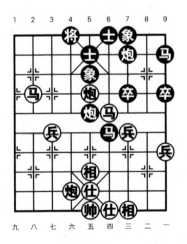

图 212

第213局

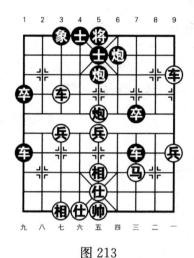

图213

着法（红先胜）：

1. 车一进二　　炮6退1
2. 车七平四　　车1平6
3. 车一平四

绝杀，红胜。

第214局

着法（红先胜）：

1. 马六进五　　将6平5

黑如改走将6进1，则马五退三，将6进1，车五进一，连将杀，红胜。

2. 马五退三　　将5平6
3. 车五进三

连将杀，红胜。

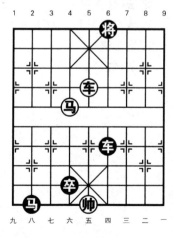

图214

第 215 局

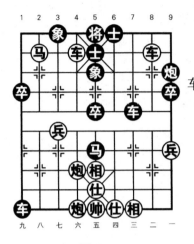

图 215

着法(红先胜):

1. 前炮进五　　炮 9 平 4

黑如改走象 5 退 7,则前炮平九,车 1 平 2,车六进一! 士 5 退 4,马八退六杀,红胜。

2. 车六进一!　　士 5 退 4

3. 马八退六

绝杀,红胜。

第 216 局

着法(红先胜):

1. 车四进一!　　炮 8 平 6

2. 炮三进一

绝杀,红胜。

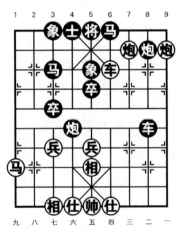

图 216

第 217 局

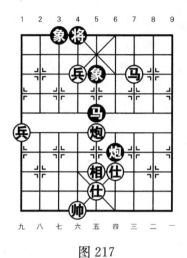

图 217

着法(红先胜)：
1. 兵六进一　　将4平5
2. 兵六进一
连将杀，红胜。

第 218 局

着法(红先胜)：
1. 马七进六　　将6平5
2. 车三平五　　将5平6
3. 车五退二
连将杀，红胜。

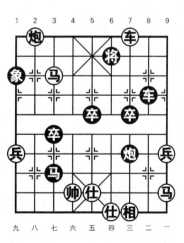

图 218

第219局

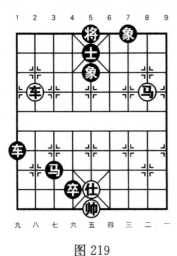

图219

着法(红先胜)：
1. 马二进三　　将5平6
2. 车八平四　　士5进6
3. 车四进一
连将杀，红胜。

第220局

着法(红先胜)：
1. 马八进六　　卒5平4
2. 马六进五！
双叫杀，红胜。

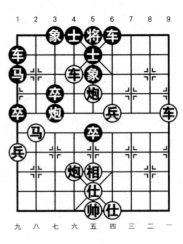

图220

第 221 局

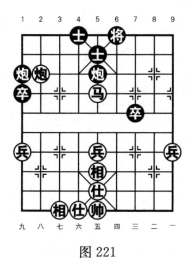

图 221

着法(红先胜)：

1. 马五进三　　将 6 进 1
2. 马三进二　　将 6 退 1
3. 炮八进二

连将杀,红胜。

第 222 局

着法(红先胜)：

1. 车四进四　　士 5 退 6
2. 车七平六　　士 6 进 5
3. 车六平五

绝杀,红胜。

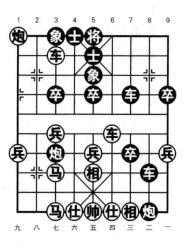

图 222

第 223 局

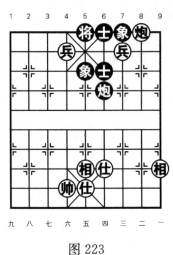

图 223

着法(红先胜):
1. 兵六进一　　将5进1
2. 炮二退一
连将杀,红胜。

第 224 局

着法(红先胜):
1. 炮二进三　　将4进1
2. 车七进二
连将杀,红胜。

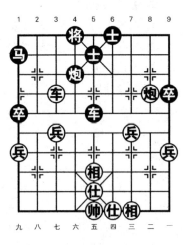

图 224

第 225 局

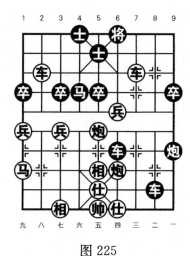

图 225

着法(红先胜)：

1. 车八平四！　　士5进6

2. 车三平四

连将杀,红胜。

第 226 局

着法(红先胜)：

1. 车八进一　　　车5退2

2. 兵四进一！　　士5退6

3. 马二退四

绝杀,红胜。

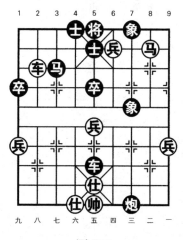

图 226

第 227 局

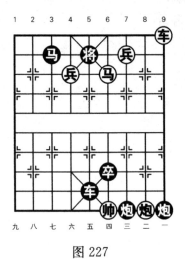

图 227

着法(红先胜)：

1. 车一平五！　马 3 退 5

2. 马四进三！　炮 7 退 9

3. 炮二进八

连将杀，红胜。

第 228 局

着法(红先胜)：

1. 前马进八　　将 4 退 1

2. 马七进六

连将杀，红胜。

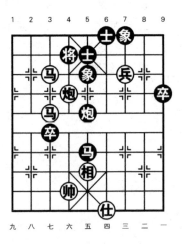

图 228

第229局

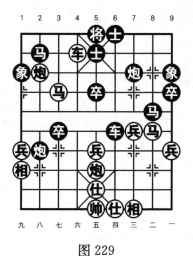

图229

着法(红先胜):

1. 炮八平五　　士5进6
2. 后炮进四

连将杀,红胜。

第230局

着法(红先胜):

1. 车二平四　　将6平5
2. 马八退七　　将5平4
3. 车四退一

连将杀,红胜。

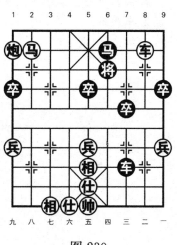

图230

第 231 局

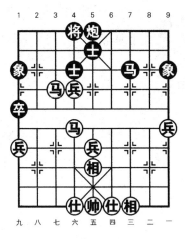

图 231

着法(红先胜)：

1. 马七进八　　将4进1

2. 马六进七

连将杀,红胜。

第 232 局

着法(红先胜)：

1. 兵六进一!　　士5进4

2. 车八退一

连将杀,红胜。

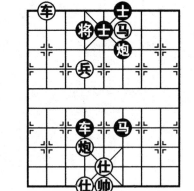

图 232

第 233 局

着法(红先胜)：

1. 兵六进一！　　将 4 进 1
2. 车七平六

连将杀,红胜。

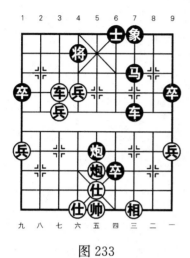

图 233

第 234 局

着法(红先胜)：

1. 车八平四　　士 5 进 6
2. 车四进三

连将杀,红胜。

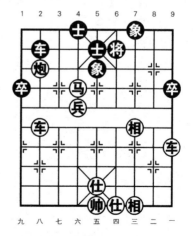

图 234

第 235 局

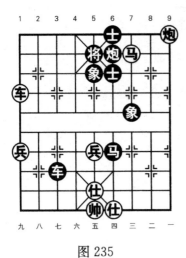

图 235

着法(红先胜)：
1. 车九进二！　　炮6平1
2. 炮一退一
连将杀,红胜。

第 236 局

着法(红先胜)：
1. 炮五进五　　士5进4
2. 炮八平五
连将杀,红胜。

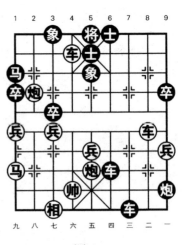

图 236

第 237 局

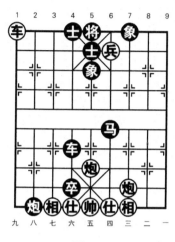

图 237

着法(红先胜)：

1. 兵四平五　　将 5 平 6
2. 炮五平四　　马 6 进 8
3. 炮三平四

连将杀，红胜。

第 238 局

着法(红先胜)：

1. 兵四进一！　士 5 退 6
2. 前车进四　　将 5 进 1
3. 后车进四

连将杀，红胜。

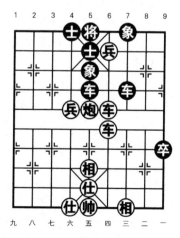

图 238

第239局

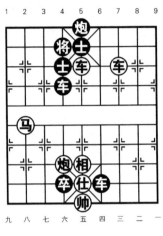

图239

着法(红先胜)：

1. 马八进七　　将4退1
2. 车五平六！　士5进4
3. 车三平六

连将杀,红胜。

第240局

着法(红先胜)：

1. 车五进二！　将5平6
2. 车七平四　　炮8平6
3. 车四进一

连将杀,红胜。

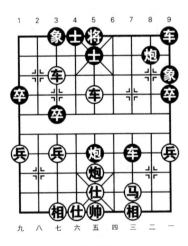

图240

第 241 局

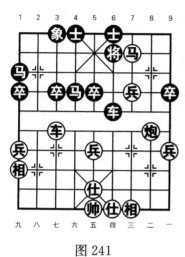

图 241

着法（红先胜）：

1. 炮二进四　　将 6 进 1

2. 兵三进一

连将杀，红胜。

第 242 局

着法（红先胜）：

1. 车四平五！　　将 5 进 1

2. 车八进六

连将杀，红胜。

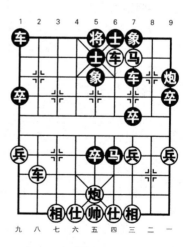

图 242

第 243 局

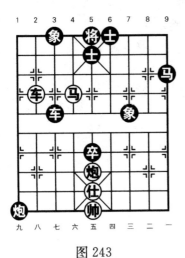

图 243

着法（红先胜）：
1. 马六进四　　将5平4
2. 车八平六　　士5进4
3. 车六进一
连将杀，红胜。

第 244 局

着法（红先胜）：
1. 马七进六　　将5平4
2. 马六进八　　将4平5
3. 车六进三
连将杀，红胜。

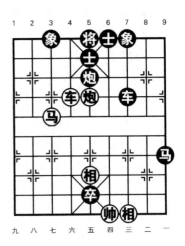

图 244

第 245 局

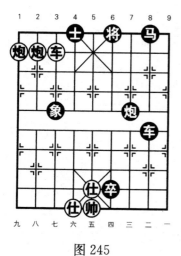

图 245

着法(红先胜):

1. 车七平四!　　马 8 进 6

2. 炮八进一　　　士 4 进 5

3. 炮九进一

连将杀, 红胜。

第 246 局

着法(红先胜):

1. 马八进七　　　将 4 进 1

2. 车七平六　　　炮 5 平 4

3. 马七进八

连将杀, 红胜。

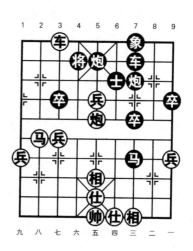

图 246

第 247 局

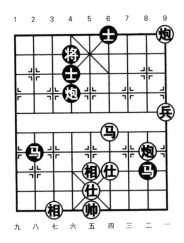

图 247

着法(红先胜)：
1. 马四进五　　将4平5
2. 炮二平五
连将杀,红胜。

第 248 局

着法(红先胜)：
1. 车四进一　　将5进1
2. 马六进七　　将5平4
3. 车四平六
连将杀,红胜。

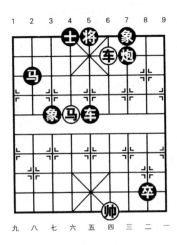

图 248

第 249 局

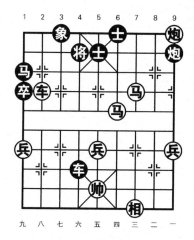

图 249

着法(红先胜)：
1. 车八进二　　将4进1
2. 马三退五
连将杀，红胜。

第 250 局

着法(红先胜)：
1. 马五进三！　炮7退8
2. 马四进三　　将5平4
3. 炮五平六
连将杀，红胜。

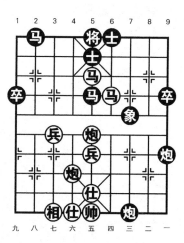

图 250

第251局

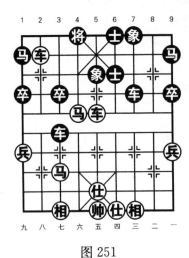

图251

着法（红先胜）：
1. 马六进七　　将4平5
2. 车八进一　　马1退3
3. 车八平七
连将杀，红胜。

第252局

着法（红先胜）：
1. 兵六平五　　将5平6
2. 车三平四
连将杀，红胜。

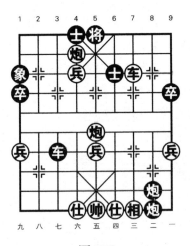

图252

第 253 局

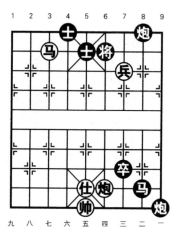

图 253

着法(红先胜)：

1. 兵三平四！　　将6进1
2. 仕五进四

连将杀，红胜。

第 254 局

着法(红先胜)：

1. 兵五平四　　将6退1
2. 炮二平四

连将杀，红胜。

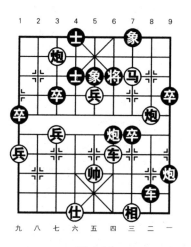

图 254

127

第 255 局

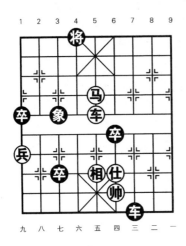

图 255

着法(红先胜)：

1. 马五进七　　将 4 进 1
2. 车五平六

连将杀,红胜。

第 256 局

着法(红先胜)：

1. 炮二进五　　将 6 进 1
2. 车二进六　　将 6 进 1
3. 兵三平四

连将杀,红胜。

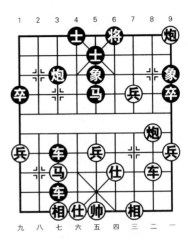

图 256

第 257 局

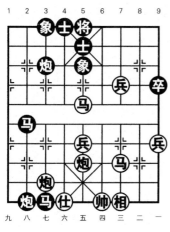

图 257

着法(红先胜):

1. 炮七进八! 　象 5 退 3

2. 马五进六

连将杀,红胜。

第 258 局

着法(红先胜):

1. 马五进七 　　将 5 平 4

2. 车八进六

连将杀,红胜。

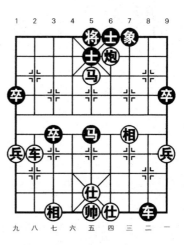

图 258

第 259 局

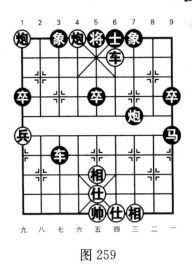

图 259

着法(红先胜)：

1. 炮六退一　　象 3 进 1
2. 炮六平八　　炮 7 平 5
3. 炮八进一

绝杀,红胜。

第 260 局

着法(红先胜)：

1. 车五进一！　将 5 平 4
2. 车三平六　　炮 2 平 4
3. 车六进三

连将杀,红胜。

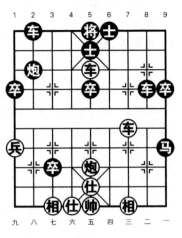

图 260

第 261 局

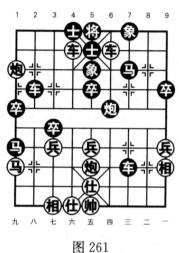

图 261

着法（红先胜）：

1. 炮九进二　　车 2 退 3
2. 车四平五！　马 7 退 5
3. 车六进一

连将杀，红胜。

第 262 局

着法（红先胜）：

1. 炮七进八！　　象 5 退 3
2. 马五进四　　将 5 平 6
3. 炮五平四

连将杀，红胜。

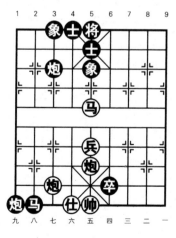

图 262

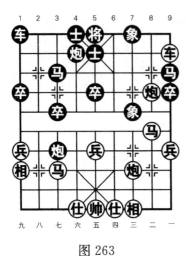

第263局

着法(红先胜)：

1. 炮三进七　　炮4平9
2. 炮二进三

绝杀，红胜。

图263

第264局

着法(红先胜)：

1. 车三进七！　士5退6
2. 马二进四　　将5进1
3. 车三退一

连将杀，红胜。

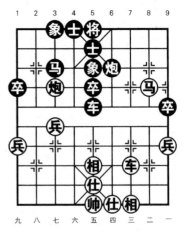

图264

第 265 局

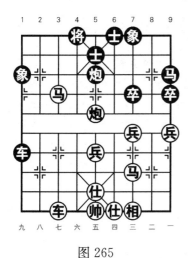

图 265

着法(红先胜)：

1. 马七进八　　　将4进1
2. 车七进八　　　将4退1
3. 车七平五

连将杀,红胜。

第 266 局

着法(红先胜)：

1. 兵七平六　　　将4平5
2. 马二进三

连将杀,红胜。

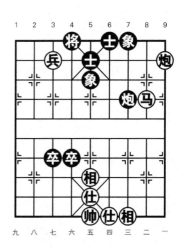

图 266

第 267 局

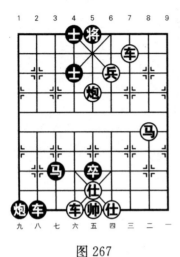

图 267

着法(红先胜)：

1. 兵四平五　　将 5 平 6
2. 车三进一　　将 6 进 1
3. 马二进三
连将杀,红胜。

第 268 局

着法(红先胜)：

1. 车七平八！　　车 2 进 7
2. 马五进六　　将 5 平 4
3. 后马退七
绝杀,红胜。

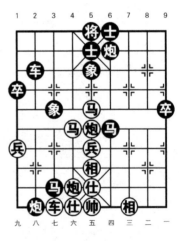

图 268

第 269 局

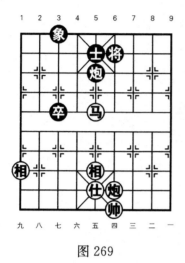

图 269

着法(红先胜)：

1. 马五进四！　将6进1
2. 仕五进四

连将杀，红胜。

 第 270 局

着法(红先胜)：

1. 马五退三！　马8进7
2. 车五平四　　车4平6
3. 车七平六

连将杀，红胜。

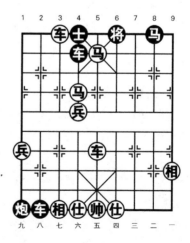

图 270

第 271 局

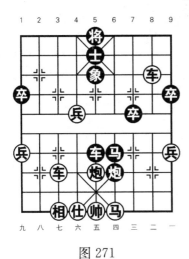

图 271

着法(红先胜)：

1. 车二进二　　士5退6
2. 车七进七　　将5进1
3. 车二退一

连将杀,红胜。

第 272 局

着法(红先胜)：

1. 车六进五！　士5退4
2. 马五进六　　将5平6
3. 车八平四

连将杀,红胜。

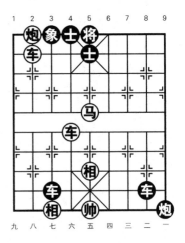

图 272

第 273 局

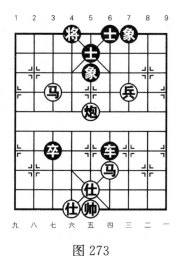

图 273

着法(红先胜):

1. 马七进八　　将 4 进 1

黑如改走将 4 平 5,则马八退六,将 5 平 4,炮五平六,连将杀,红胜。

2. 炮五平九　　卒 3 进 1
3. 炮九进三

绝杀,红胜。

第 274 局

着法(红先胜):

1. 前马进七　　将 5 平 6
2. 马五进三

连将杀,红胜。

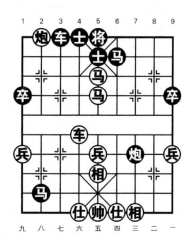

图 274

第 275 局

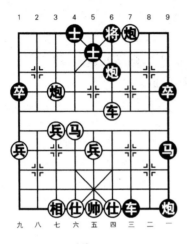

图 275

着法(红先胜)：
1. 炮七进三　　将6进1
2. 马六进五
连将杀，红胜。

第 276 局

着法(红先胜)：
1. 车三进一　　将6进1
2. 马三退五　　将6平5
3. 炮四平五
连将杀，红胜。

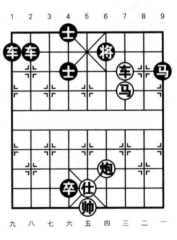

图 276

第277局

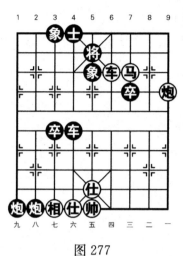

图277

着法(红先胜)：

1. 车四平五！　　将5平6

2. 马三进二　　　将6退1

3. 炮一进三

连将杀,红胜。

第278局

着法(红先胜)：

1. 车四退一！　　将5进1

2. 马三退五　　　将5平4

3. 车四进一

连将杀,红胜。

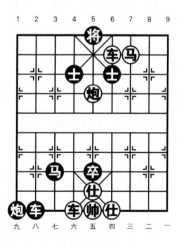

图278

第 279 局

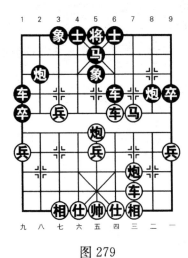

图 279

着法(红先胜)：

1. 马三进四！　　炮2平6
2. 炮三进七

连将杀，红胜。

第 280 局

着法(红先胜)：

1. 马六进七　　将4进1
2. 炮五平六

连将杀，红胜。

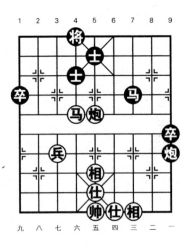

图 280

第 281 局

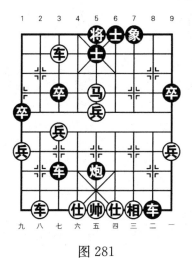

图 281

着法(红先胜)：

1. 车八进九　　士5退4

2. 车八平六！　将5平4

3. 车七进一

连将杀，红胜。

第 282 局

着法(红先胜)：

1. 兵四平五　　士6退5

2. 炮五平四

连将杀，红胜。

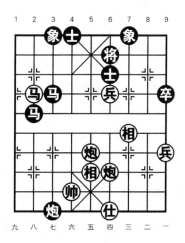

图 282

第 283 局

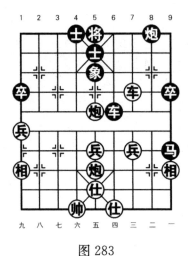

图 283

着法(红先胜)：

1. 车三进三　　车6退4
2. 后炮平八　　车6平7
3. 炮八进七

绝杀,红胜。

第 284 局

着法(红先胜)：

1. 马二进四　　将5平6
2. 马四进三　　将6平5

黑如改走士5进6,则车四进一,炮3平6,车四进一,连将杀,红胜。

3. 车四进三

连将杀,红胜。

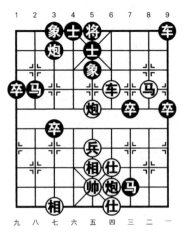

图 284

第 285 局

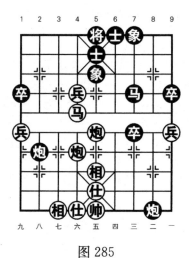

图 285

着法(红先胜)：

1. 马六进八 炮8退8
2. 马八进六 将5平4
3. 兵六平七

绝杀,红胜。

第 286 局

着法(红先胜)：

1. 车四进一! 士5退6
2. 前炮平六!

连将杀,红胜。

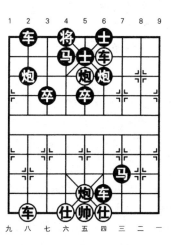

图 286

第 287 局

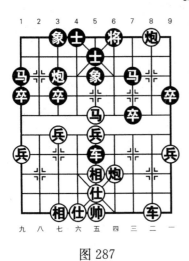

图 287

着法(红先胜)：

1. 马五进四　　　车5平6

2. 马四进三

双将杀，红胜。

第 288 局

着法(红先胜)：

1. 马四进六　　　将5平4

2. 炮五平六

连将杀，红胜。

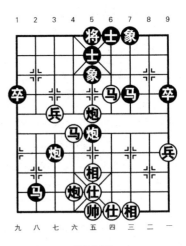

图 288

第289局

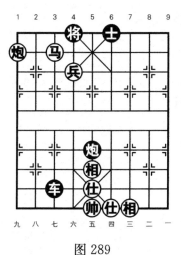

图289

着法(红先胜)：

1. 兵六进一　　将4平5

2. 兵六平五！　将5平4

3. 兵五进一

连将杀,红胜。

第290局

着法(红先胜)：

1. 兵四平五！　将4平5

2. 马五进三　　将5平4

3. 马三进四

连将杀,红胜。

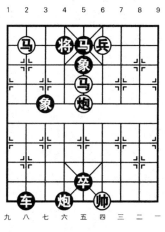

图290

第 291 局

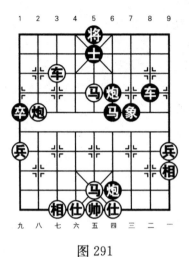

图 291

着法(红先胜)：
1. 车七进二　　士 5 退 4
2. 炮八平五　　将 5 平 6
3. 车七平六
连将杀,红胜。

第 292 局

着法(红先胜)：
1. 马八进六　　将 5 平 4
2. 兵六平七!　　炮 4 退 3
3. 炮五平六
连将杀,红胜。

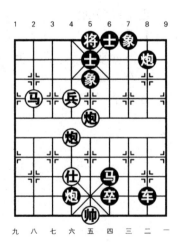

图 292

第 293 局

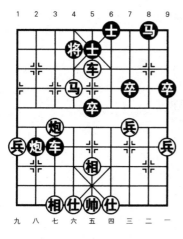

图 293

着法(红先胜)：

1. 炮七平六　　士 5 进 4
2. 马六进八

连将杀，红胜。

第 294 局

着法(红先胜)：

1. 车七退一　　将 4 退 1
2. 兵四平五！　士 4 退 5
3. 车七进一

绝杀，红胜。

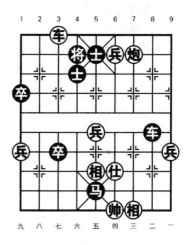

图 294

第 295 局

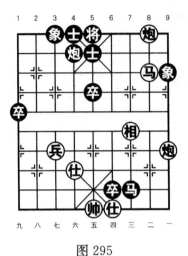

图 295

着法(红先胜)：

1. 马二进三　　士 5 退 6

2. 炮一平五　　炮 4 平 5

3. 马三退四

连将杀，红胜。

第 296 局

着法(红先胜)：

1. 兵七进一　　将 6 退 1

黑如改走马 6 进 5,则车三平四杀,红胜。

2. 车三进二

连将杀,红胜。

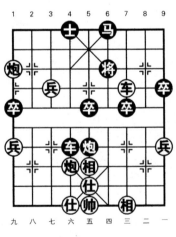

图 296

第 297 局

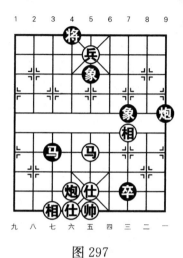

图 297

着法（红先胜）：

1. 马五进六　　马 3 进 4
2. 马六进七

连将杀，红胜。

第 298 局

着法（红先胜）：

1. 马四进六　　将 5 平 4
2. 炮五平六！　马 2 退 4
3. 炮六进四

连将杀，红胜。

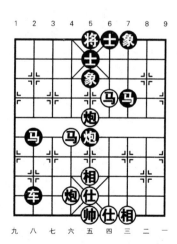

图 298

第299局

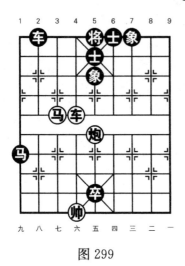

图299

着法(红先胜)：

1. 马七进六　　将5平4
2. 马六进七　　将4平5
3. 车六进四

连将杀,红胜。

第300局

着法(红先胜)：

1. 炮三进八!　　象5退7
2. 车三平五　　士4进5
3. 车五进二

连将杀,红胜。

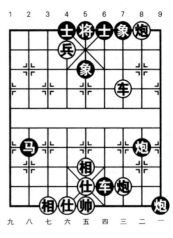

图300

第 301 局

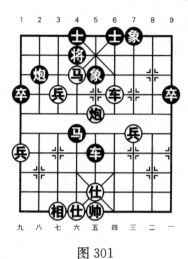

图 301

着法(红先胜)：

1. 车四进二！　　士 4 进 5
2. 炮五平六！　　将 4 进 1
3. 兵七平六

连将杀，红胜。

第 302 局

着法(红先胜)：

1. 车七进三　　　炮 4 退 2
2. 马五进七　　　将 5 平 6
3. 炮五平四

连将杀，红胜。

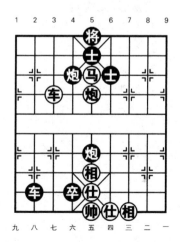

图 302

第 303 局

着法(红先胜)：

1. 马五进七　　将4平5
2. 车九进三　　马4退3
3. 车九平七

连将杀,红胜。

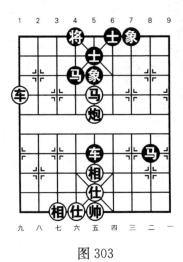

图 303

 第 304 局

着法(红先胜)：

1. 车五平六　　士6进5
2. 兵六平五!　　士4进5
3. 车六进四

连将杀,红胜。

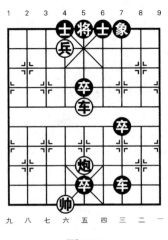

图 304

第 305 局

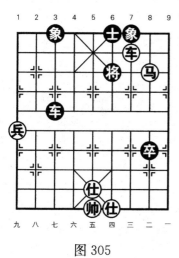

图 305

着法(红先胜)：

1. 车三退一　　将 6 退 1

2. 车三平五

连将杀,红胜。

 第 306 局

着法(红先胜)：

1. 兵三平四！　　将 6 平 5

2. 兵四进一

连将杀,红胜。

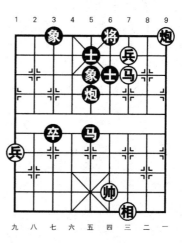

图 306

第307局

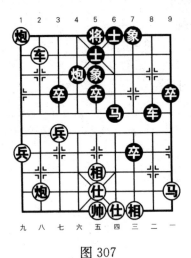

图307

着法(红先胜)：

1. 炮八进六！　　马6进4

2. 车八平九！　　车8平2

3. 炮八进二

绝杀,红胜。

第308局

着法(红先胜)：

1. 车二进三　　　将4退1

2. 马七退五　　　将4平5

3. 兵三平四

连将杀,红胜。

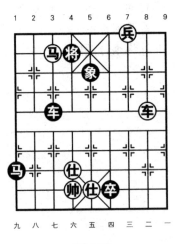

图308

第 309 局

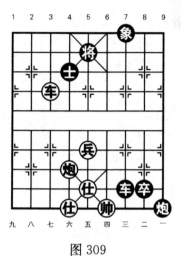

图 309

着法(红先胜):

1. 车七平五 象 7 进 5
2. 车五进一! 将 5 进 1
3. 炮六平五

连将杀,红胜。

第 310 局

着法(红先胜):

1. 车二进六 士 5 退 6
2. 马五进六

连将杀,红胜。

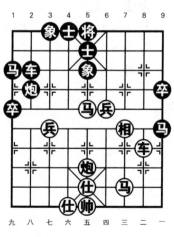

图 310

第311局

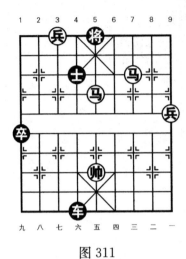

图311

着法(红先胜)：

1. 兵七平六！　　将5平4

2. 马五进七　　将4进1

3. 马三进四

连将杀,红胜。

第312局

着法(红先胜)：

1. 兵六平五　　　士6进5

2. 马七进八

连将杀,红胜。

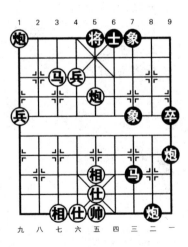

图312

第 313 局

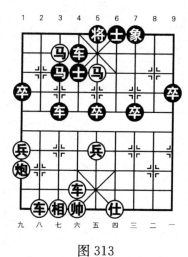

图 313

着法(红先胜)：
1. 马五进三　　将 5 进 1
2. 马三退四　　将 5 进 1
3. 车六进六！
连将杀，红胜。

第 314 局

着法(红先胜)：
1. 炮四进一！　　将 5 平 6
2. 炮六平四
连将杀，红胜。

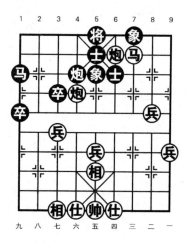

图 314

第315局

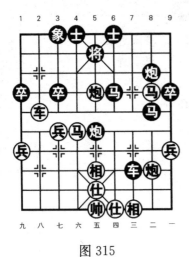

图 315

着法(红先胜)：

1. 车八进三　　将5进1
2. 马六进七　　将5平4
3. 车八平六

连将杀,红胜。

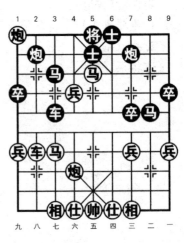

第316局

着法(红先胜)：

1. 马五进三！　　炮2平7
2. 车八进六　　马3退4
3. 车八平六

连将杀,红胜。

图 316

第 317 局

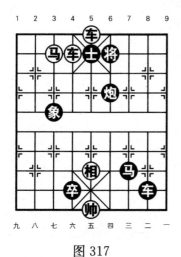

图 317

着法(红先胜)：

1. 车六平五　　将6进1
2. 前车平四！　炮6退3
3. 马七退六

连将杀,红胜。

 第 318 局

着法(红先胜)：

1. 车五进三　　将6进1
2. 车三进六　　将6进1
3. 车五平四

连将杀,红胜。

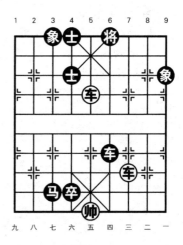

图 318

第 319 局

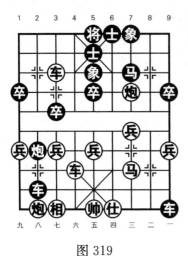

图 319

着法（红先胜）：

1. 车七进二！　　士5退4
2. 车七平六　　　将5进1
3. 后车进六

连将杀，红胜。

第 320 局

着法（红先胜）：

1. 马八进七！　　马4进2
2. 车六退一

连将杀，红胜。

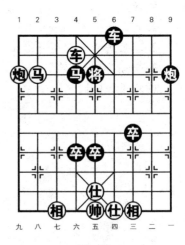

图 320

第 321 局

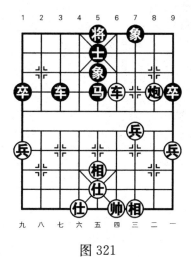

图 321

着法(红先胜)：
1. 炮二进三　　士5退6
2. 车四进三　　将5进1
3. 车四退一
连将杀，红胜。

第 322 局

着法(红先胜)：
1. 炮七进三！　象5退3
2. 马三进四　　将5平6
3. 炮五平四
连将杀，红胜。

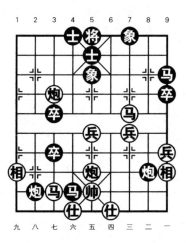

图 322

第 323 局

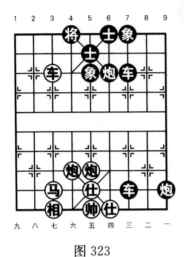

图 323

着法(红先胜)：

1. 马七进六　　士 5 进 4
2. 马六进五　　士 4 退 5
3. 马五进六

连将杀,红胜。

第 324 局

着法(红先胜)：

1. 炮五平六　　将 4 平 5
2. 马八进七

连将杀,红胜。

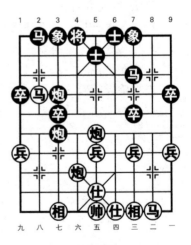

图 324

第325局

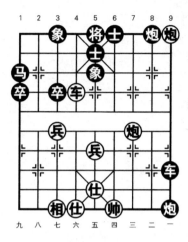

图 325

着法(红先胜)：

1.炮三进五！　　象5退7

2.炮一平三

连将杀,红胜。

 第326局

着法(红先胜)：

1.马八进六　　　将5平6

2.车五平四！　　马7进6

3.兵三平四

连将杀,红胜。

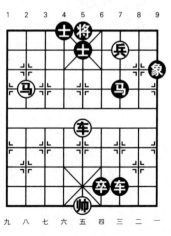

图 326

第 327 局

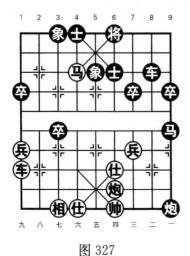

图 327

着法(红先胜)：

1. 仕四退五！　　士6退5
2. 车九平四　　士5进6
3. 车四进五

连将杀,红胜。

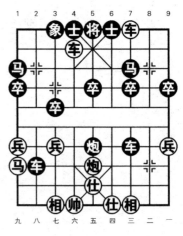

第 328 局

着法(红先胜)：

1. 车六进一　　将5进1
2. 车三退一　　将5进1
3. 车六退二

连将杀,红胜。

图 328

第 329 局

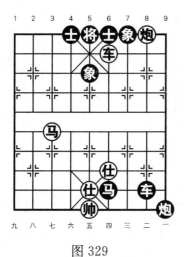

图 329

着法(红先胜)：

1. 车四进一　　将 5 进 1
2. 马七进六　　将 5 平 4
3. 车四平六

连将杀,红胜。

第 330 局

着法(红先胜)：

1. 车六平五!　　士 6 进 5
2. 车一进三

连将杀,红胜。

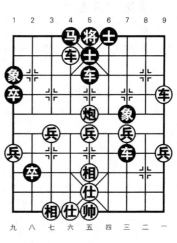

图 330

第331局

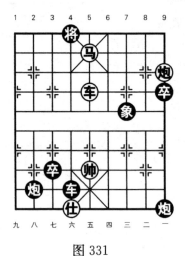

图331

着法(红先胜):

1. 马五退七　　将4进1
2. 马七进八　　将4退1
3. 车五进三

连将杀,红胜。

第332局

着法(红先胜):

1. 车六进一!　　将5平4
2. 炮三平六　　将4平5
3. 马八进七

连将杀,红胜。

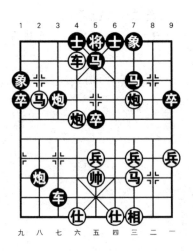

图332

第 333 局

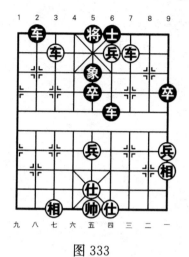

图 333

着法(红先胜)：

1. 兵四进一！　　将 5 平 6
2. 车七平四！　　车 6 退 3
3. 车三进一

连将杀，红胜。

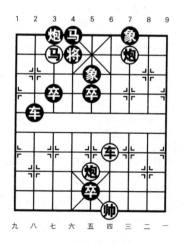

第 334 局

着法(红先胜)：

1. 车四进五　　　将 4 进 1
2. 炮三退一　　　象 5 进 7
3. 马七退五

连将杀，红胜。

图 334

第 335 局

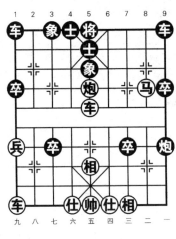

图 335

着法（红先胜）：

1. 马二进四　　将5平6

2. 炮五平四

连将杀，红胜。

第 336 局

着法（红先胜）：

1. 车九退一　　将4退1

2. 炮二进二

连将杀，红胜。

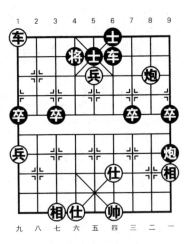

图 336

第 337 局

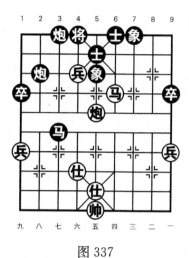

图 337

着法(红先胜)：

1. 炮五平六　　马 3 退 4
2. 兵六进一　　将 4 平 5
3. 马四进三

连将杀,红胜。

第 338 局

着法(红先胜)：

1. 车五进一　　将 4 进 1
2. 车五平六！

连将杀,红胜。

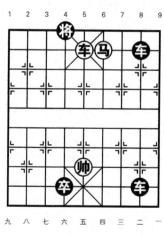

图 338

第 339 局

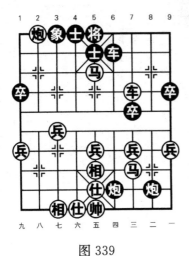

图 339

着法(红先胜)：

1. 马五进七　　将5平6
2. 车三进三

连将杀，红胜。

第 340 局

着法(红先胜)：

1. 兵四进一　　将5平4
2. 马二进四

连将杀，红胜。

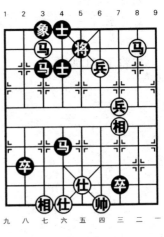

图 340

第 341 局

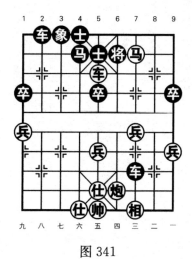

图 341

着法(红先胜)：

1. 车五平四　　将6进1
2. 仕五进四

连将杀,红胜。

第 342 局

着法(红先胜)：

1. 兵五平四　　卒7平6
2. 兵四进一　　将6平5
3. 马八进七

连将杀,红胜。

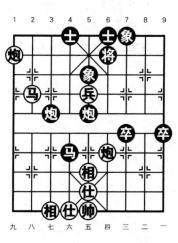

图 342

第 343 局

着法(红先胜)：

1. 车三平五！ 炮5退4

2. 炮一平三

连将杀,红胜。

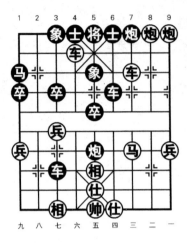

图 343

第 344 局

着法(红先胜)：

1. 马四进六 将5平6

2. 车五平四

连将杀,红胜。

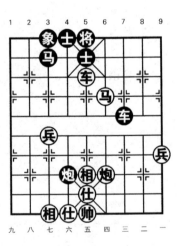

图 344

第 345 局

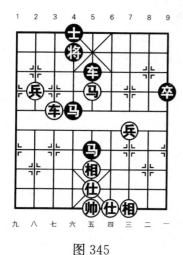

图 345

着法(红先胜):

1. 车七进三　　将 4 进 1

2. 马五退七

连将杀,红胜。

第 346 局

着法(红先胜):

1. 马四进六　　将 5 平 4

2. 马六进八　　将 4 平 5

3. 车六进三

连将杀,红胜。

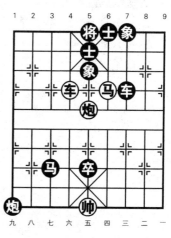

图 346

第 347 局

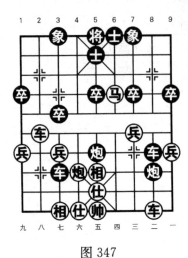

图 347

着法(红先胜)：

1. 马四进三　　将5平4

2. 车八平六　　士5进4

3. 车六进三

连将杀,红胜。

第 348 局

着法(红先胜)：

1. 马七退六　　卒3平4

2. 马六进八

连将杀,红胜。

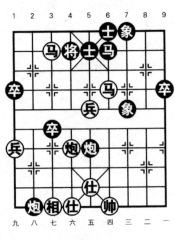

图 348

第 349 局

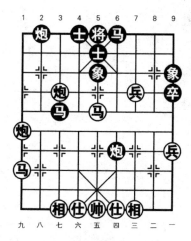

图 349

着法(红先胜)：
1. 炮七进三！ 象 5 退 3
2. 马五进四
连将杀，红胜。

第 350 局

着法(红先胜)：
第一种攻法：
1. 马四进三 将 5 平 4
2. 车八平六 士 5 进 4
3. 车六进一
连将杀，红胜。
第二种攻法：
1. 车八进三 士 5 退 4
2. 马四进六 将 5 进 1
3. 车八退一
连将杀，红胜。

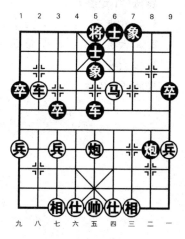

图 350

第 351 局

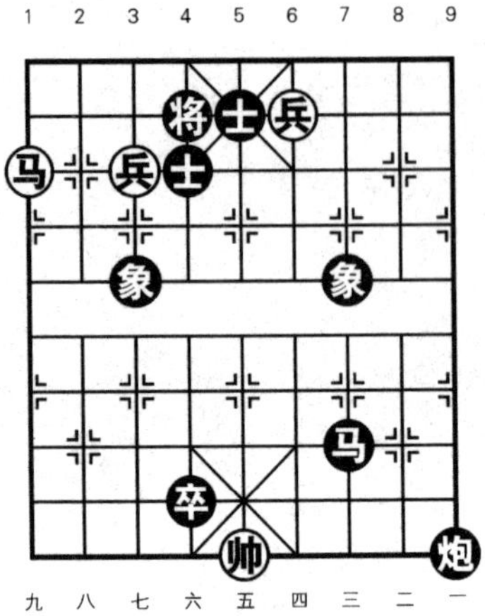

图 351

着法(红先胜)：

1. 兵七进一　　将 4 退 1
2. 兵七进一　　将 4 平 5
3. 马九进七

连将杀,红胜。

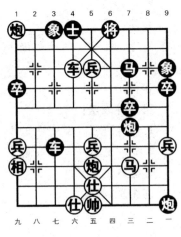 **第 352 局**

着法(红先胜)：

1. 车六进二　　将 6 进 1
2. 车六退一　　马 7 退 5
3. 车六平五

连将杀,红胜。

图 352

第 353 局

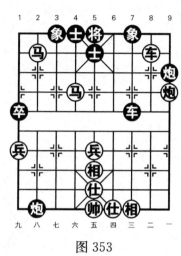

图 353

着法（红先胜）：

1. 马八退六！ 士 5 进 4
2. 马六进四 将 5 平 6
3. 炮一平四

连将杀，红胜。

第 354 局

着法（红先胜）：

1. 车七退一 将 4 退 1
2. 马七进六

连将杀，红胜。

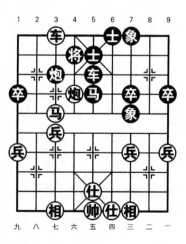

图 354

第 355 局

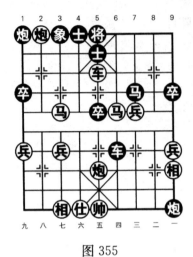

图 355

着法(红先胜)：

1. 车五进一　　将5平6
2. 马四进三

连将杀,红胜。

第 356 局

着法(红先胜)：

1. 兵五进一　　将6退1
2. 车五平三　　士6退5
3. 车三进三

绝杀,红胜。

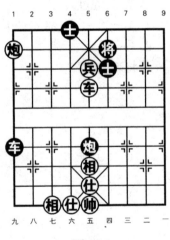

图 356

第357局

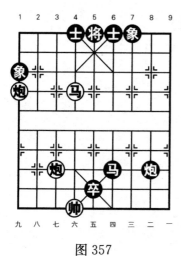

图 357

着法(红先胜)：
1. 炮七进七！　　象1退3
2. 马六进七　　将5进1
3. 炮九进二
连将杀,红胜。

第358局

着法(红先胜)：
1. 后车退一！　　炮4平8
2. 车二退二
连将杀,红胜。

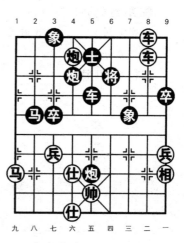

图 358

第359局

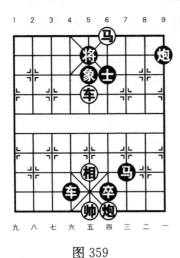

图359

着法(红先胜)：

1. 车五进一 　　将5平6
2. 车五平四 　　将6平5
3. 车四平五

连将杀，红胜。

第360局

着法(红先胜)：

1. 炮五进六 　　士5进4
2. 车六平五

连将杀，红胜。

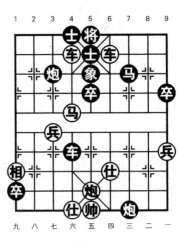

图360

第 361 局

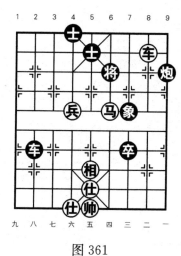

图 361

着法(红先胜)：

1. 马四进六　　将6平5
2. 车二退一　　士5进6
3. 车二平四

连将杀,红胜。

第 362 局

着法(红先胜)：

1. 车二平三　　士5退6
2. 马四退六　　将5进1
3. 车三退一

连将杀,红胜。

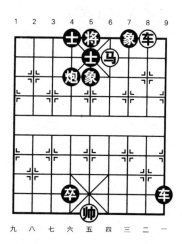

图 362

第 363 局

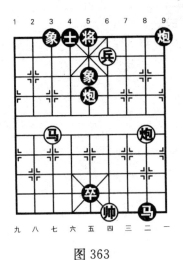

图 363

着法(红先胜)：

1. 兵四进一　　将 5 进 1
2. 马七进六　　将 5 平 4
3. 炮二平六

连将杀,红胜。

第 364 局

着法(红先胜)：

1. 马六进四　　马 5 退 6
2. 马四进二　　将 6 平 5
3. 后马进三

连将杀,红胜。

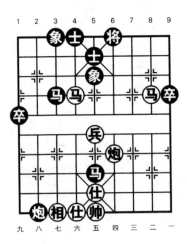

图 364

第 365 局

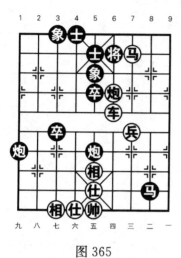

图 365

着法(红先胜)：

1. 炮四平二　　士5进6
2. 炮二进二　　将6退1
3. 车四进二

连将杀，红胜。

第 366 局

着法(红先胜)：

1. 兵四平五！　　将4平5
2. 马一进三

连将杀，红胜。

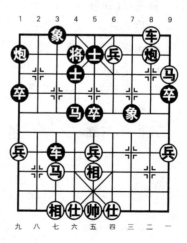

图 366

第 367 局

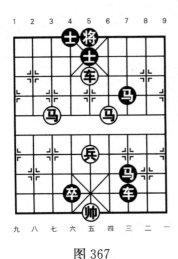

图 367

着法(红先胜)：

1. 马七进六　　将 5 平 6
2. 车五平四！　士 5 进 6
3. 马四进三

连将杀，红胜。

第 368 局

着法(红先胜)：

1. 兵七进一　　将 4 平 5

黑如改走将 4 进 1,则马七进八,将 4 进 1,炮九进二杀,红胜。

2. 马七进六　　将 5 平 6
3. 炮九平四

连将杀,红胜。

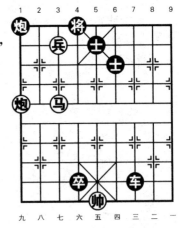

图 368

第 369 局

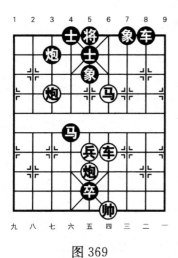

图 369

着法(红先胜)：

1. 马四进三！ 　　炮 3 平 7
2. 炮七进三 　　象 5 退 3
3. 车四进六

连将杀，红胜。

第 370 局

着法(红先胜)：

1. 车七退一 　　将 4 退 1
2. 马四进六 　　卒 3 平 4
3. 炮三平六

连将杀，红胜。

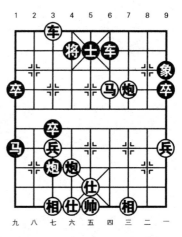

图 370

第371局

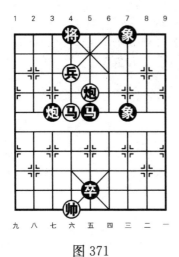

图371

着法(红先胜)：

1. 马六进五！　　象7退5

2. 兵六进一

连将杀,红胜。

第372局

着法(红先胜)：

1. 车五平六　　将4平5

2. 车四退一

连将杀,红胜。

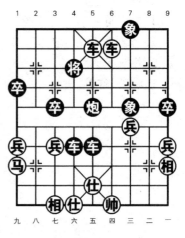

图372

第 373 局

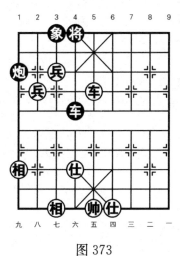

图 373

着法(红先胜)：

1. 车五进三　　将4进1
2. 兵七进一　　将4进1
3. 车五平六

连将杀，红胜。

第 374 局

着法(红先胜)：

1. 马四进三　　将5平4
2. 炮五平六　　炮4平2
3. 炮三平六

连将杀，红胜。

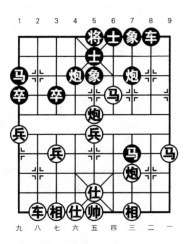

图 374

第 375 局

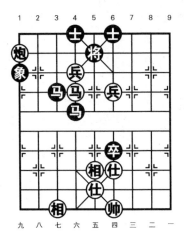

图 375

着法(红先胜)：
1. 兵六平七！　　将5平4
2. 马六进七
连将杀，红胜。

第 376 局

着法(红先胜)：
1. 马二进三！　　炮3平7
2. 前炮进三　　象5退3
3. 炮七进八
连将杀，红胜。

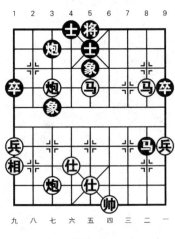

图 376

第 377 局

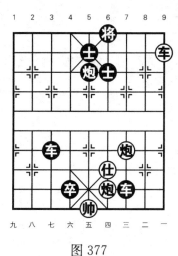

图 377

着法（红先胜）：

1. 车一进一　　将6进1
2. 炮三平四　　车3平6
3. 炮四进二
连将杀,红胜。

第 378 局

着法（红先胜）：

1. 兵七进一　　将4进1
2. 马二进四
连将杀,红胜。

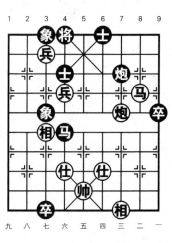

图 378

第 379 局

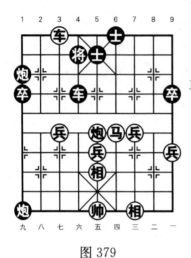

图 379

着法(红先胜)：

1. 炮五平六　　士 5 进 4

黑如改走车 4 进 2,则马四进五,炮 1 平 5,马五退六,红得车胜定。

2. 马四进五　　将 4 平 5

3. 炮六平五

连将杀,红胜。

第 380 局

着法(红先胜)：

1. 车六进一　　将 5 进 1

2. 车六退一

连将杀,红胜。

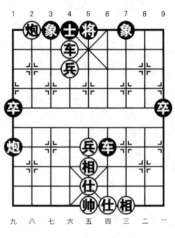

图 380

第 381 局

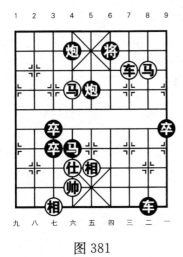

图 381

着法(红先胜)：

1. 车三进一　　将6进1

2. 马二退三　　将6平5

3. 车三退一

连将杀,红胜。

第 382 局

着法(红先胜)：

1. 马八进六　　将5退1

2. 车四退一　　将5退1

3. 兵三平四

连将杀,红胜。

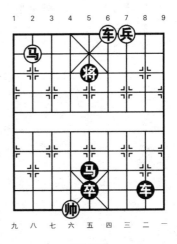

图 382

第 383 局

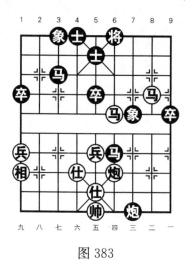

图 383

着法(红先胜):
1. 马四进三　　将6平5
2. 马二进三
连将杀,红胜。

第 384 局

着法(红先胜):
1. 马五进六　　将4平5
2. 马三进四
连将杀,红胜。

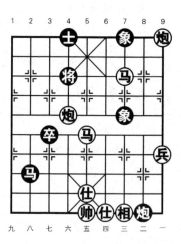

图 384

第 385 局

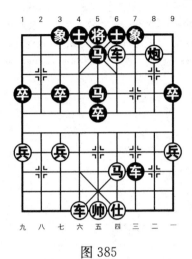

图 385

着法(红先胜)：

1. 车六进九！　　将 5 平 4

2. 车四进一

连将杀,红胜。

第 386 局

着法(红先胜)：

1. 炮九平四　　将 6 平 5

2. 马七进六

连将杀,红胜。

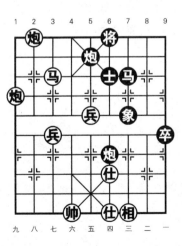

图 386

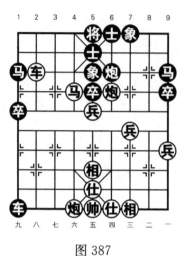

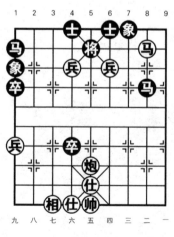

第 387 局

着法(红先胜)：

1. 马六进七 　　将5平4 　　2. 车八平六

连将杀,红胜。

图 387

第 388 局

着法(红先胜)：

1. 兵四平五 　　将5平6

2. 马二退三

连将杀,红胜。

图 388

第389局

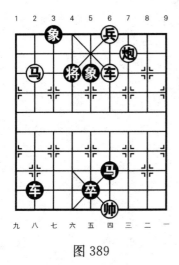

图389

着法(红先胜):

1. 马八进七　　将4退1
2. 车四进一　　将4退1
3. 炮三进一

连将杀,红胜。

第390局

着法(红先胜):

1. 车二平四!　　士5退6
2. 马二进四

连将杀,红胜。

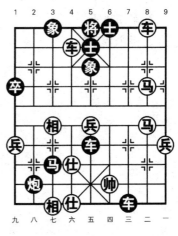

图390

第391局

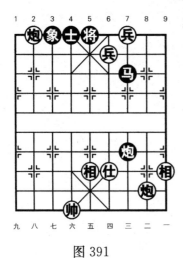

图391

着法(红先胜)：

1. 炮二进八！　　马7退8

2. 兵三平四

连将杀,红胜。

第392局

着法(红先胜)：

1. 车七平五！　　士6退5

2. 车四进七

连将杀,红胜。

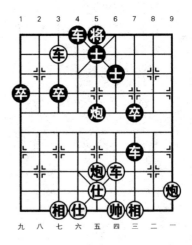

图392

第 393 局

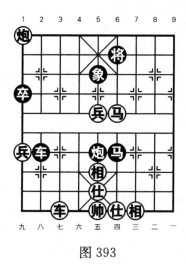

图 393

着法(红先胜)：
1. 车七进八　　将 6 退 1
2. 马四进三　　将 6 平 5
3. 车七进一
连将杀,红胜。

第 394 局

着法(红先胜)：
1. 车三进一!　　士 5 退 6
2. 马四进六　　将 5 进 1
3. 车三退一
连将杀,红胜。

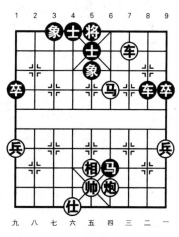

图 394

第 395 局

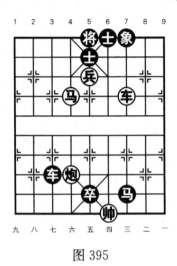

图 395

着法(红先胜)：
1. 兵五进一！　　士6进5
2. 车三进三　　士5退6
3. 车三平四
连将杀,红胜。

第 396 局

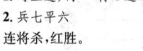

着法(红先胜)：
1. 马五进六！　　将4进1
2. 兵七平六
连将杀,红胜。

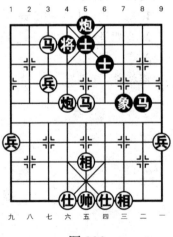

图 396

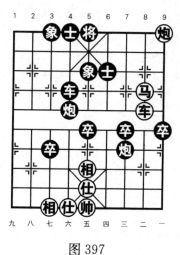

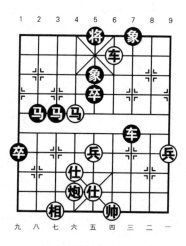

第 397 局

着法(红先胜)：

1. 马二进四　　将5平6
2. 马四进三　　将6进1
3. 车二进三

连将杀，红胜。

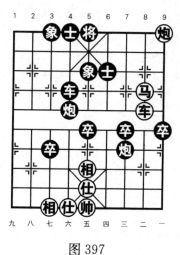

图 397

第 398 局

着法(红先胜)：

1. 车四进一　　将5进1
2. 马六进四

连将杀，红胜。

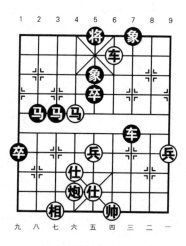

图 398

第399局

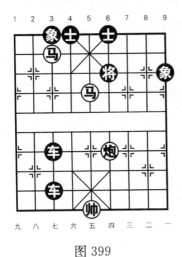

图399

着法(红先胜)：

1. 马五退四！　　后车平6
2. 马七退六　　　将6退1
3. 马四进三

连将杀，红胜。

第400局

着法(红先胜)：

1. 马八进七！　　将4进1
2. 马七进八　　　将4退1
3. 车五进四

连将杀，红胜。

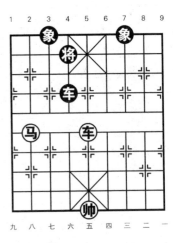

图400

第 401 局

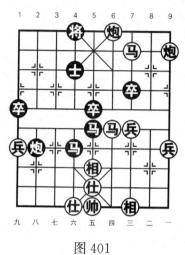

图 401

着法(红先胜)：

1. 炮一进一　　将 4 进 1
2. 马四进五　　将 4 平 5
3. 炮一退一
连将杀,红胜。

第 402 局

着法(红先胜)：

1. 车四进八　　将 5 进 1
2. 车四平五　　将 5 平 6
3. 车五退一
连将杀,红胜。

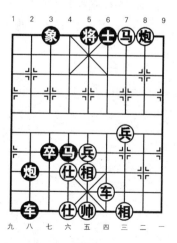

图 402

第 403 局

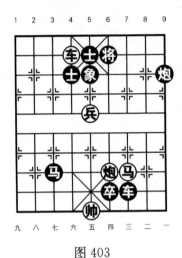

图 403

着法(红先胜)：

1. 马三进四　　炮9平6
2. 马四进三　　炮6平7
3. 兵五平四

连将杀，红胜。

第 404 局

着法(红先胜)：

1. 兵四平五！　　士6进5
2. 车四进八！　　将4进1
3. 车七平九

绝杀，红胜。

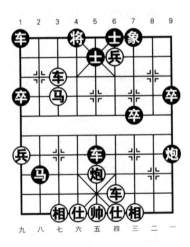

图 404

第 405 局

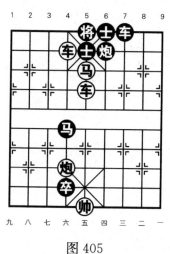

图 405

着法(红先胜)：

1. 车六进一！　　士5退4

2. 马五进七

连将杀,红胜。

第 406 局

着法(红先胜)：

1. 车八退一　　　马2退4

2. 车八平六　　　将5退1

3. 车六平四

连将杀,红胜。

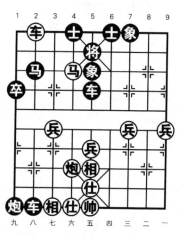

图 406

第 407 局

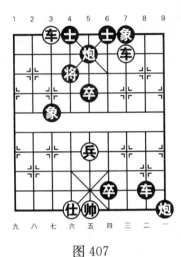

图 407

着法(红先胜)：

1. 车七平六　　炮 5 平 4
2. 车六退一　　将 4 平 5
3. 车三退一

连将杀,红胜。

 第 408 局

着法(红先胜)：

1. 车六进二　　将 5 进 1
2. 兵五进一

连将杀,红胜。

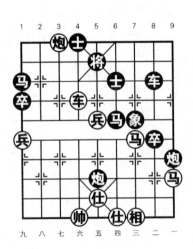

图 408

第 409 局

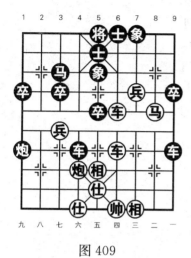

图 409

着法(红先胜)：

1. 前车进四！　　士 5 退 6
2. 车四进六　　　将 5 进 1
3. 马二进三
连将杀，红胜。

第 410 局

着法(红先胜)：

1. 车三进三！　　象 5 退 7
黑如改走将 6 进 1,则炮八平四,士 6 退 5,
炮五平四,连将杀,红胜。

2. 车四进七　　　将 6 平 5
3. 炮八平五
连将杀，红胜。

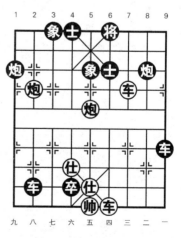

图 410

第 411 局

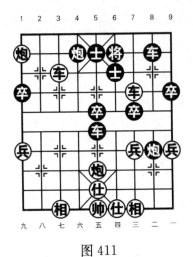

图 411

着法(红先胜)：

1. 炮五平四　　车 5 平 6

2. 车七平四！

连将杀，红胜。

 第 412 局

着法(红先胜)：

1. 马八进六　　炮 7 平 4

2. 马六进七

连将杀，红胜。

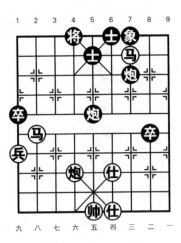

图 412

第 413 局

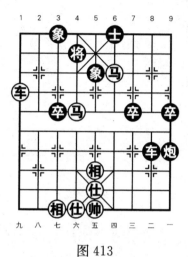

图 413

着法(红先胜)：

1. 车九进二　　将4进1
2. 马六进四

连将杀，红胜。

第 414 局

着法(红先胜)：

1. 车二平五！　炮5退5
2. 车六进一

连将杀，红胜。

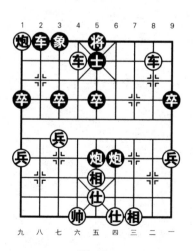

图 414

第 415 局

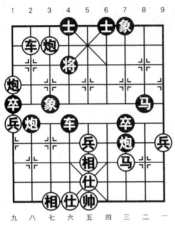

图 415

着法(红先胜)：

1. 车八退一　　将4退1

2. 炮九进二

连将杀，红胜。

第 416 局

着法(红先胜)：

1. 车四进五！　　将4进1

2. 车五进一　　将4进1

3. 车四退二

连将杀，红胜。

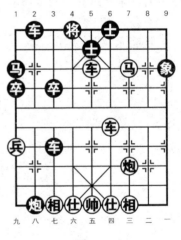

图 416

第 417 局

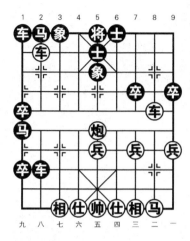

图 417

着法(红先胜)：

1. 车八平五！　　士6进5

2. 车二进四

连将杀,红胜。

第 418 局

着法(红先胜)：

1. 车七平四　　将6平5

2. 炮八进七

连将杀,红胜。

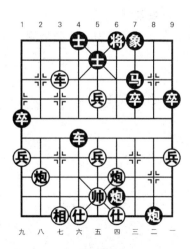

图 418

第419局

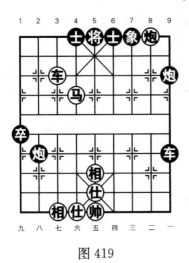

图419

着法(红先胜)：
1. 车七平五　　士4进5
2. 车五进一　　将5平4
3. 马六进四
双叫杀,红胜定。

第420局

着法(红先胜)：
1. 车六进四　　将5退1
2. 炮七进九　　士4进5
3. 车六进一
连将杀,红胜。

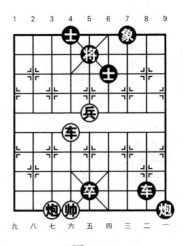

图420

第 421 局

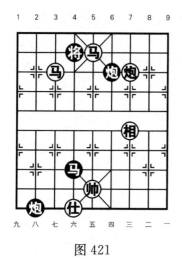

图 421

着法（红先胜）：
1. 马七进八　　将4退1
2. 马五退七
连将杀，红胜。

第 422 局

着法（红先胜）：
1. 兵六进一　　将4平5
2. 兵六平五　　将5平6
3. 兵五进一
连将杀，红胜。

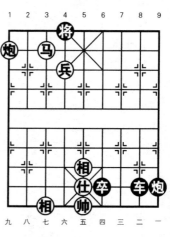

图 422

第 423 局

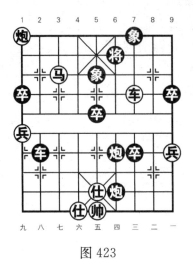

图 423

着法（红先胜）：
1. 马七进六　　将 6 平 5
2. 车三进二　　后炮退 5
3. 车三平四
连将杀，红胜。

 第 424 局

着法（红先胜）：
1. 车六平五　　将 5 平 6
2. 车五平四　　将 6 平 5
3. 车四平五
连将杀，红胜。

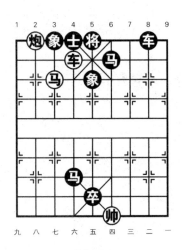

图 424

第 425 局

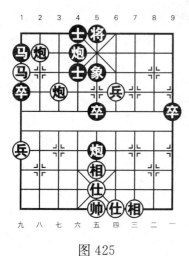

图 425

着法(红先胜)：
1. 炮七进三　　士 4 进 5
2. 炮八进一
连将杀,红胜。

第 426 局

着法(红先胜)：
1. 车八进二！　　炮 7 平 2
2. 车七进四
连将杀,红胜。

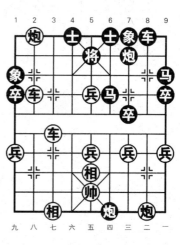

图 426

第 427 局

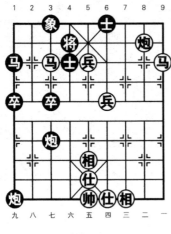

图 427

着法(红先胜)：
1. 兵五进一！　将4平5
2. 马一进三
连将杀，红胜。

第 428 局

着法(红先胜)：
1. 前车进三！　士5退6
2. 车四进六
连将杀，红胜。

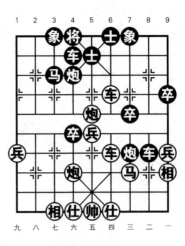

图 428

第 429 局

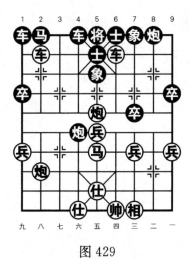

图 429

着法(红先胜)：

1. 车四平五！　　士6进5

2. 车八平五

连将杀,红胜。

第 430 局

着法(红先胜)：

1. 车八进八　　将4进1

2. 马六进四

连将杀,红胜。

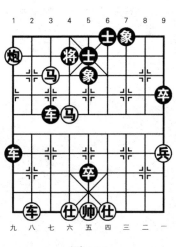

图 430

第 431 局

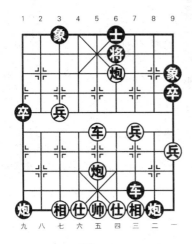

图 431

着法(红先胜)：

1. 炮五平四！　　将6进1

2. 车五平四

连将杀,红胜。

第 432 局

着法(红先胜)：

1. 车三平六　　　将4平5

2. 马二退四

连将杀,红胜。

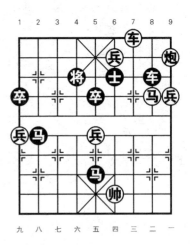

图 432

第 433 局

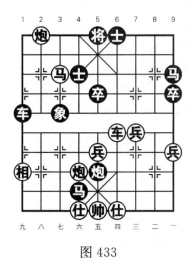

图 433

着法(红先胜)：

1. 马七进六　　将 5 进 1

2. 车四进四

连将杀,红胜。

第 434 局

着法(红先胜)：

1. 马二退四　　士 6 进 5

2. 兵五进一!　　士 4 进 5

3. 马四进二

连将杀,红胜。

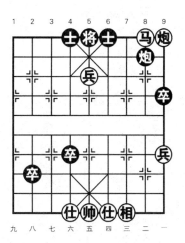

图 434

第 435 局

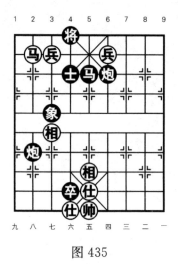

图 435

着法(红先胜):

1. 兵七进一　　将4平5
2. 兵七平六!　马5退4
3. 马八退六

连将杀,红胜。

第 436 局

着法(红先胜):

1. 车二进一　　将6进1
2. 炮七进六　　将6进1
3. 车二退二

连将杀,红胜。

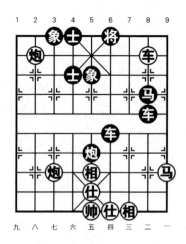

图 436

第437局

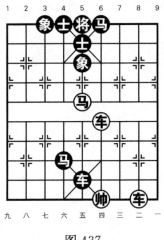

图437

着法(红先胜)：

第一种攻法：

1. 车四进五　　　士5退6

2. 马五进六　　　将5进1

3. 车二进八

连将杀,红胜。

第二种攻法：

1. 马五进六　　　士5进4

2. 车四进五　　　将5进1

3. 车二进八

连将杀,红胜。

第438局

着法(红先胜)：

1. 马八进七！　　车3退6

2. 马五进四　　　将5平4

3. 炮五平六

连将杀,红胜。

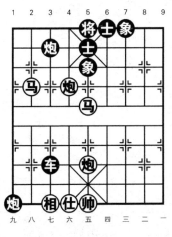

图438

第 439 局

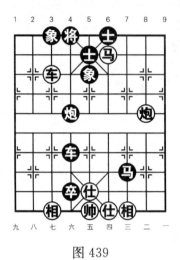

图 439

着法(红先胜)：
1. 车七平六！　将4平5
2. 炮二进四
连将杀,红胜。

第 440 局

着法(红先胜)：
1. 炮七进九　　将5进1
2. 炮九进六！　炮4平8
3. 兵八进一
连将杀,红胜。

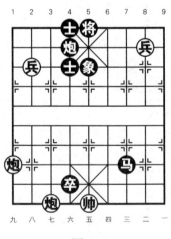

图 440

第441局

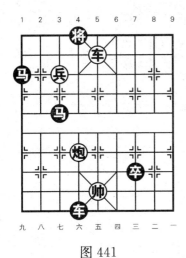

图441

着法(红先胜)：

1. 车五进一！　将4进1

2. 兵七平六！　将4进1

3. 车五平六

连将杀，红胜。

第442局

着法(红先胜)：

1. 车九进二　　将5进1

2. 马八进七　　将5平6

3. 车九平四

连将杀，红胜。

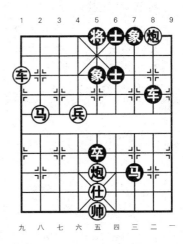

图442

第 443 局

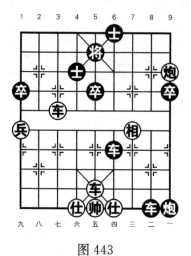

图 443

着法(红先胜):

1. 车七进三　　将5退1
2. 车五进五　　将5平4
3. 车五进三

连将杀,红胜。

第 444 局

着法(红先胜):

1. 马三进四　　将5平6
2. 马四进二　　将6平5
3. 车四进三

连将杀,红胜。

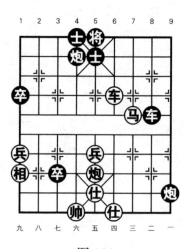

图 444

第 445 局

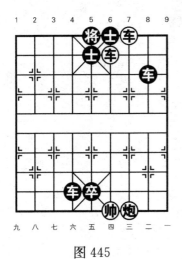

图 445

着法(红先胜)：

1. 车三平四！　　士5退6

2. 炮三进九　　　士6进5

3. 车四进一

连将杀,红胜。

第 446 局

着法(红先胜)：

1. 车八平五！　　炮7平5

2. 车四进一

连将杀,红胜。

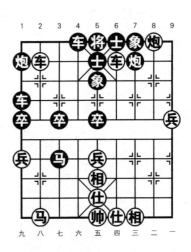

图 446

第 447 局

着法(红先胜)：

1. 马七进五　　将 4 平 5
2. 马五进七　　将 5 平 4
3. 车四平六

连将杀,红胜。

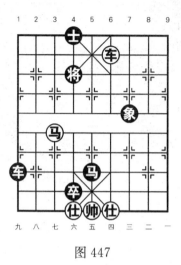

图 447

 第 448 局

着法(红先胜)：

1. 炮七进三！　象 5 退 3
2. 马六进七

连将杀,红胜。

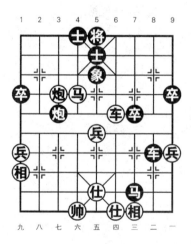

图 448

第 449 局

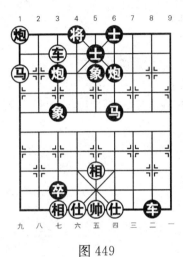

图 449

着法(红先胜)：

1. 马九进八　　象5退3
2. 车七进一　　将4进1
3. 车七平六！

连将杀，红胜。

第 450 局

着法(红先胜)：

1. 兵六进一　　将4平5
2. 兵六进一

连将杀，红胜。

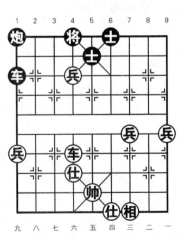

图 450

第 451 局

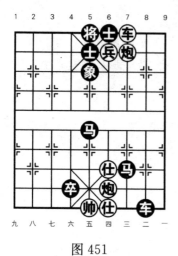

图 451

着法(红先胜)：

1. 车三平四！　　士5退6
2. 炮三进一　　　士6进5
3. 兵四进一
连将杀，红胜。

第 452 局

着法(红先胜)：

1. 车九平六　　　炮3平4
2. 车六进七！　　将4进1
3. 车五平六
连将杀，红胜。

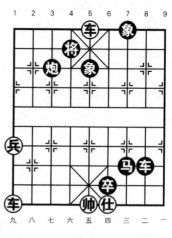

图 452

第 453 局

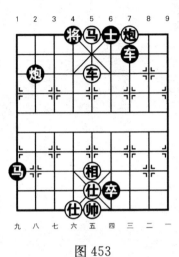

图 453

着法(红先胜)：

1. 车五平六　　车7平4
2. 马五退四！　士6进5
3. 车六进一

连将杀,红胜。

第 454 局

着法(红先胜)：

1. 兵四平五　　马7进5
2. 车六进一

连将杀,红胜。

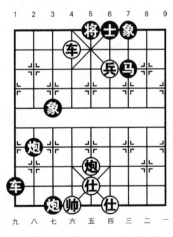

图 454

第455局

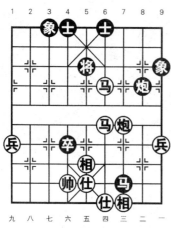

图455

着法(红先胜)：

1. 后马进六　　将5平6

2. 炮三平四

连将杀,红胜。

第456局

着法(红先胜)：

1. 马五进七!　　将4退1

2. 车八进四　　象5退3

3. 车八平七

连将杀,红胜。

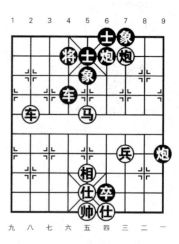

图456

第 457 局

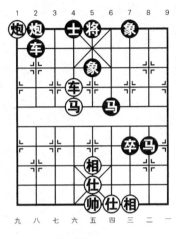

图 457

着法(红先胜)：

1. 车六进三　　　将5进1
2. 马六进七　　　将5平6
3. 车六平四

连将杀,红胜。

第 458 局

着法(红先胜)：

第一种攻法：

1. 马七进六　　　士5退4
2. 车三退一

连将杀,红胜。

第二种攻法：

1. 车三退一　　　将6退1
2. 马七进六　　　象5退3
3. 车三进一

连将杀,红胜。

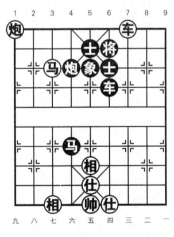

图 458

第459局

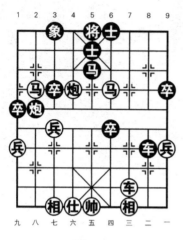

图459

着法(红先胜)：

1. 马八进七！　　马5退3
2. 马四进六

连将杀，红胜。

第460局

着法(红先胜)：

1. 兵五进一　　将6进1
2. 炮二进八　　将6进1
3. 兵四进一

连将杀，红胜。

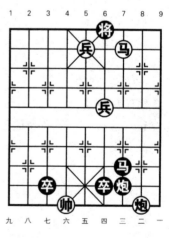

图460